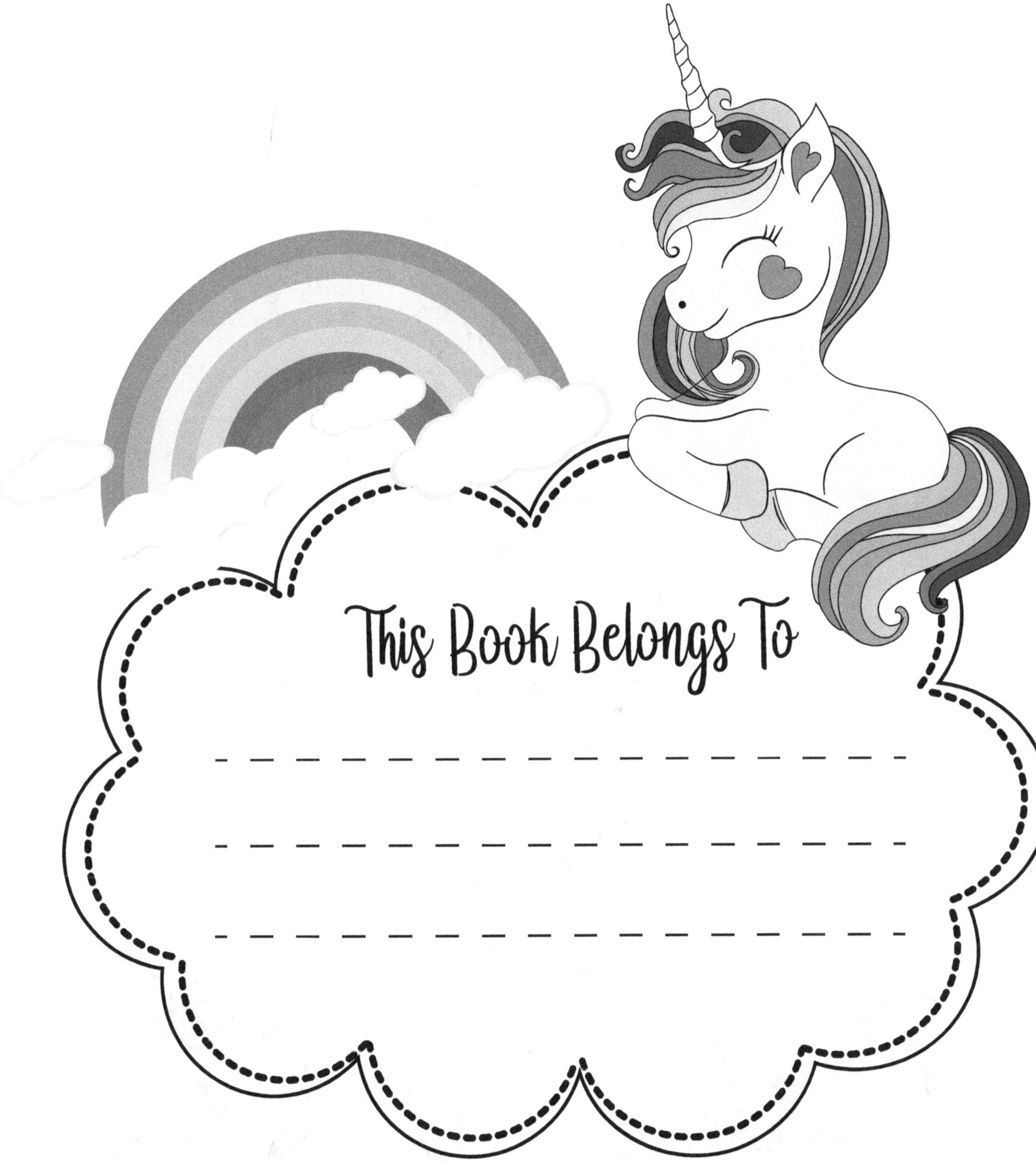

This Book Belongs To

_ _ _ _ _ _ _ _ _ _ _ _ _ _ _ _ _

_ _ _ _ _ _ _ _ _ _ _ _ _ _ _ _ _

_ _ _ _ _ _ _ _ _ _ _ _ _ _ _ _ _

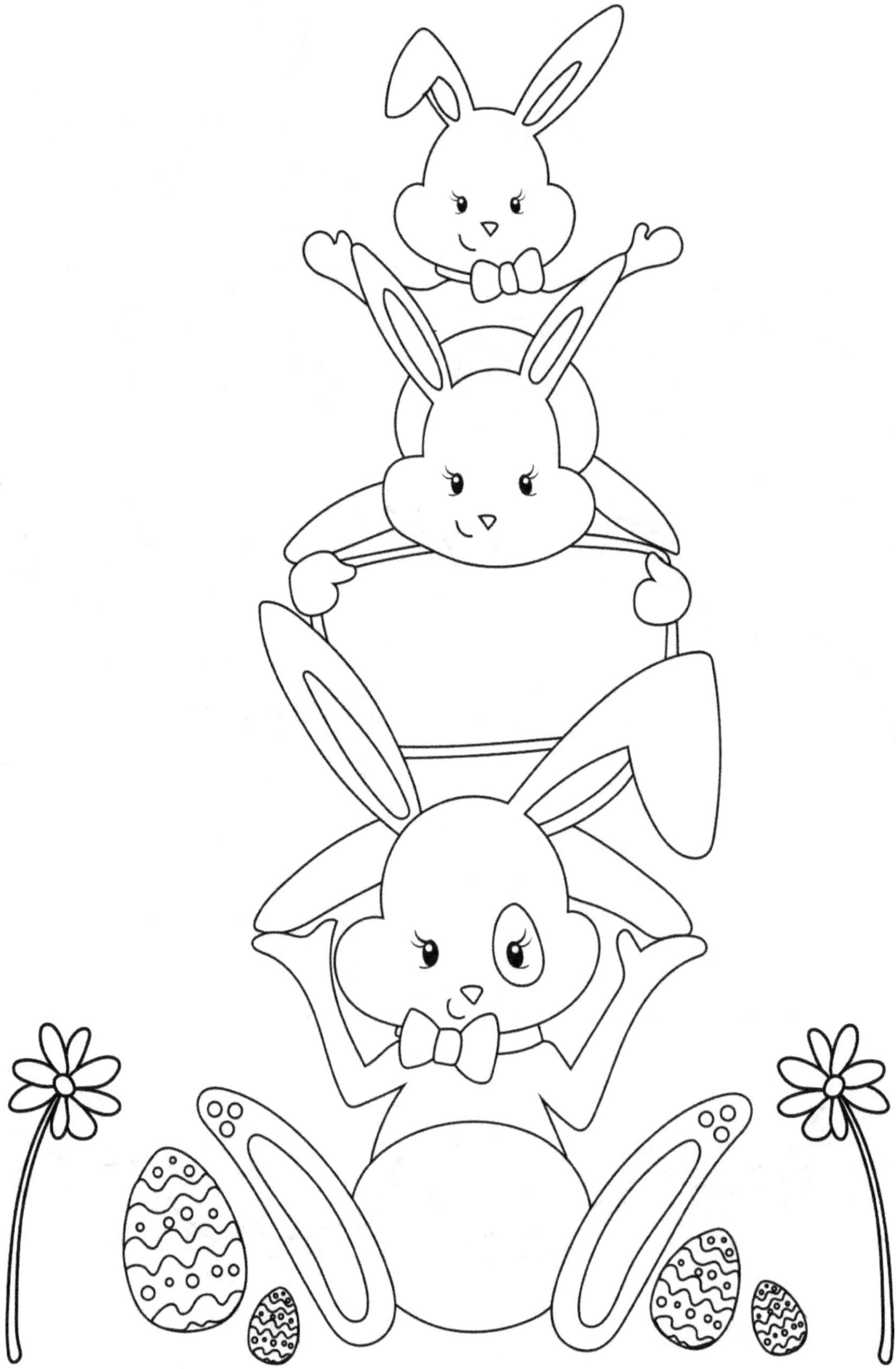

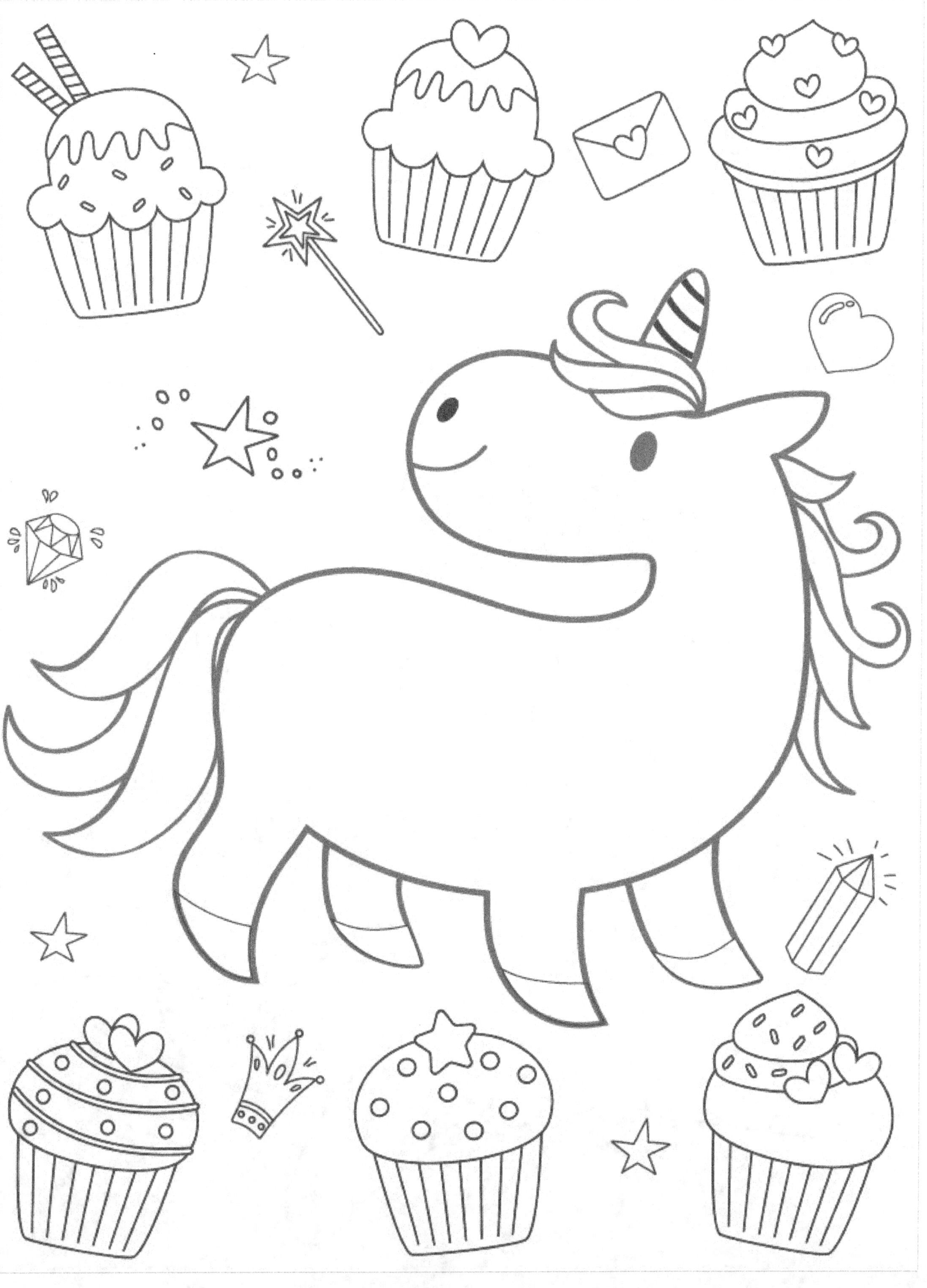

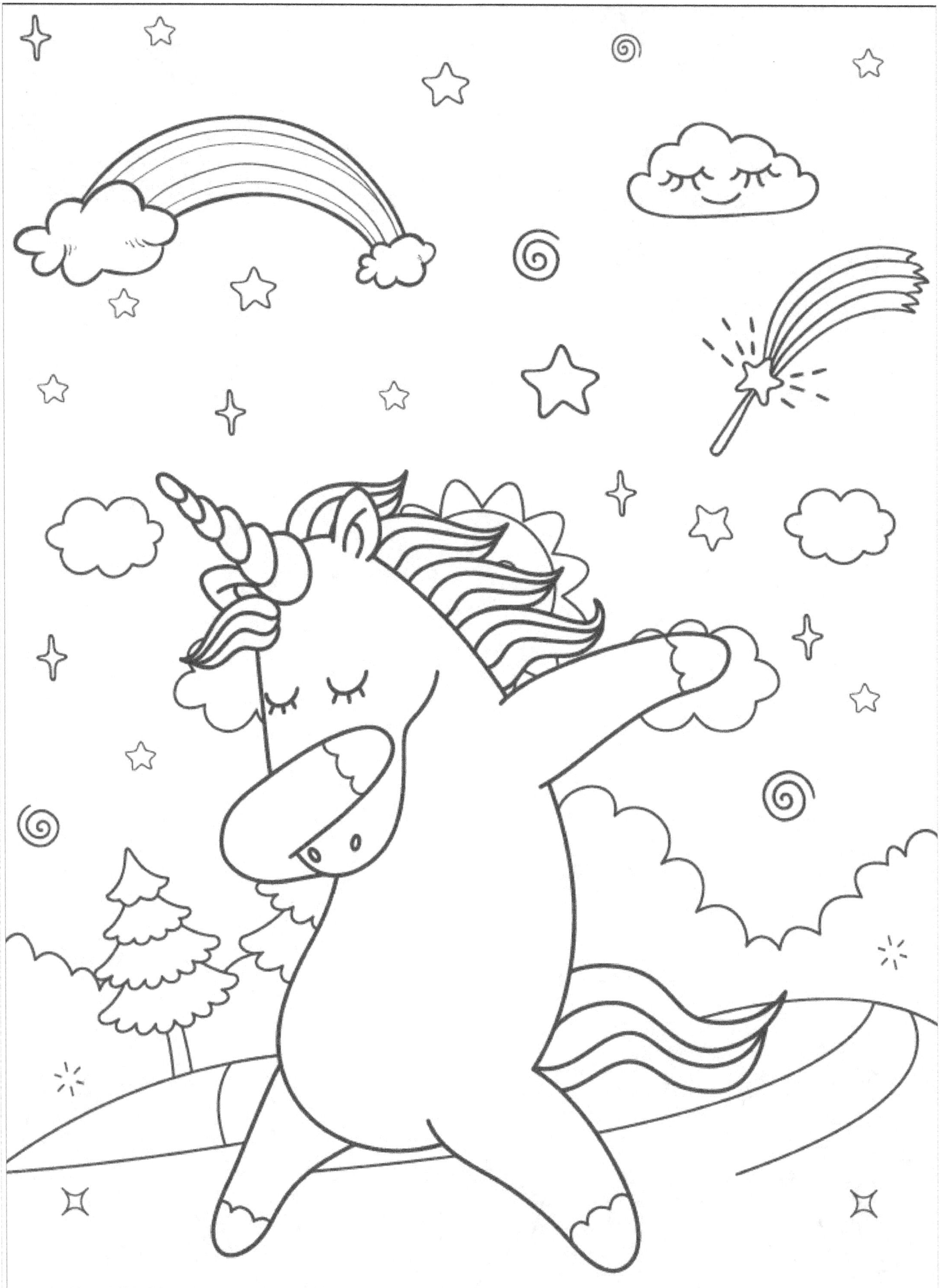

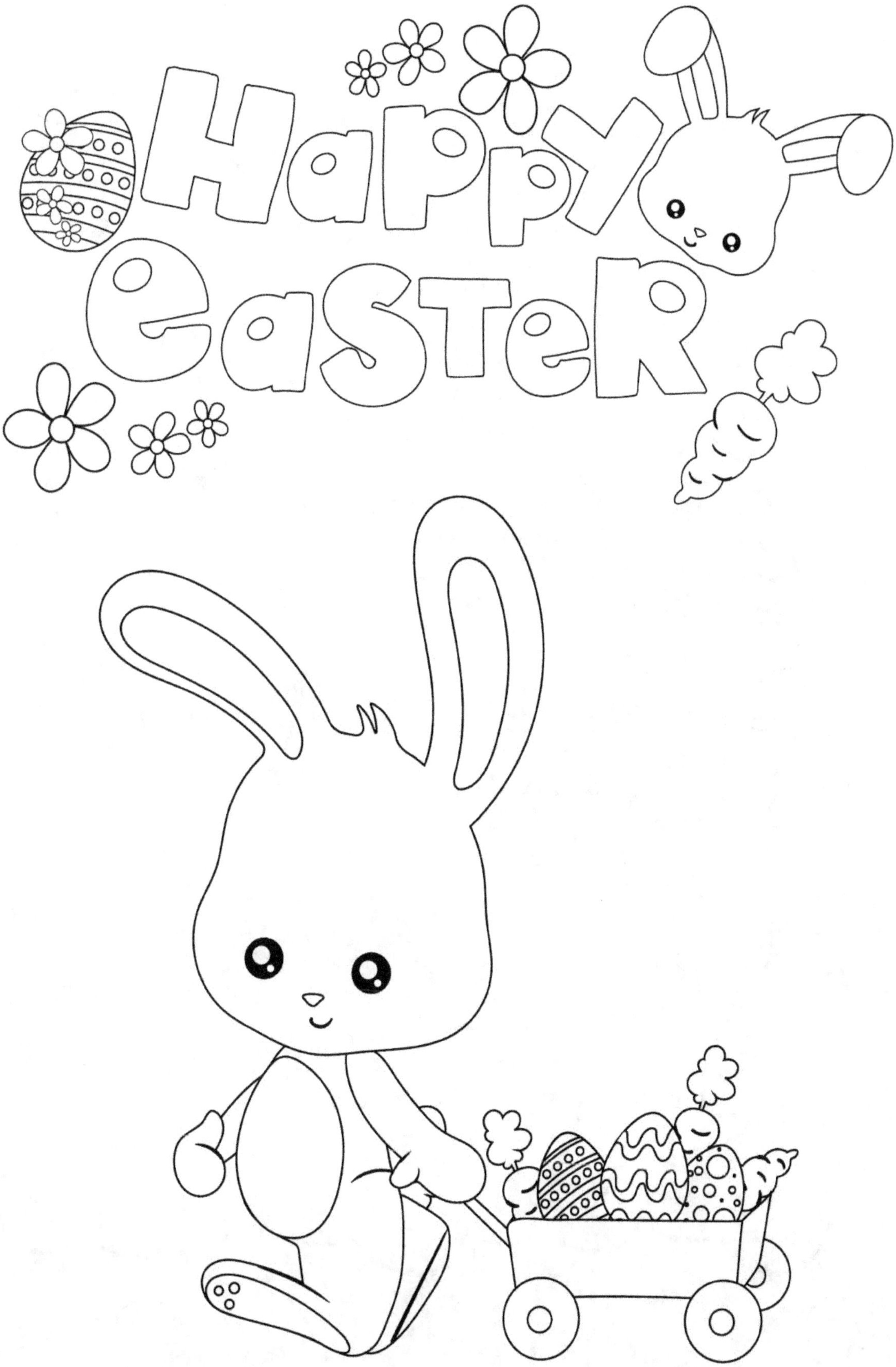
Happy Easter

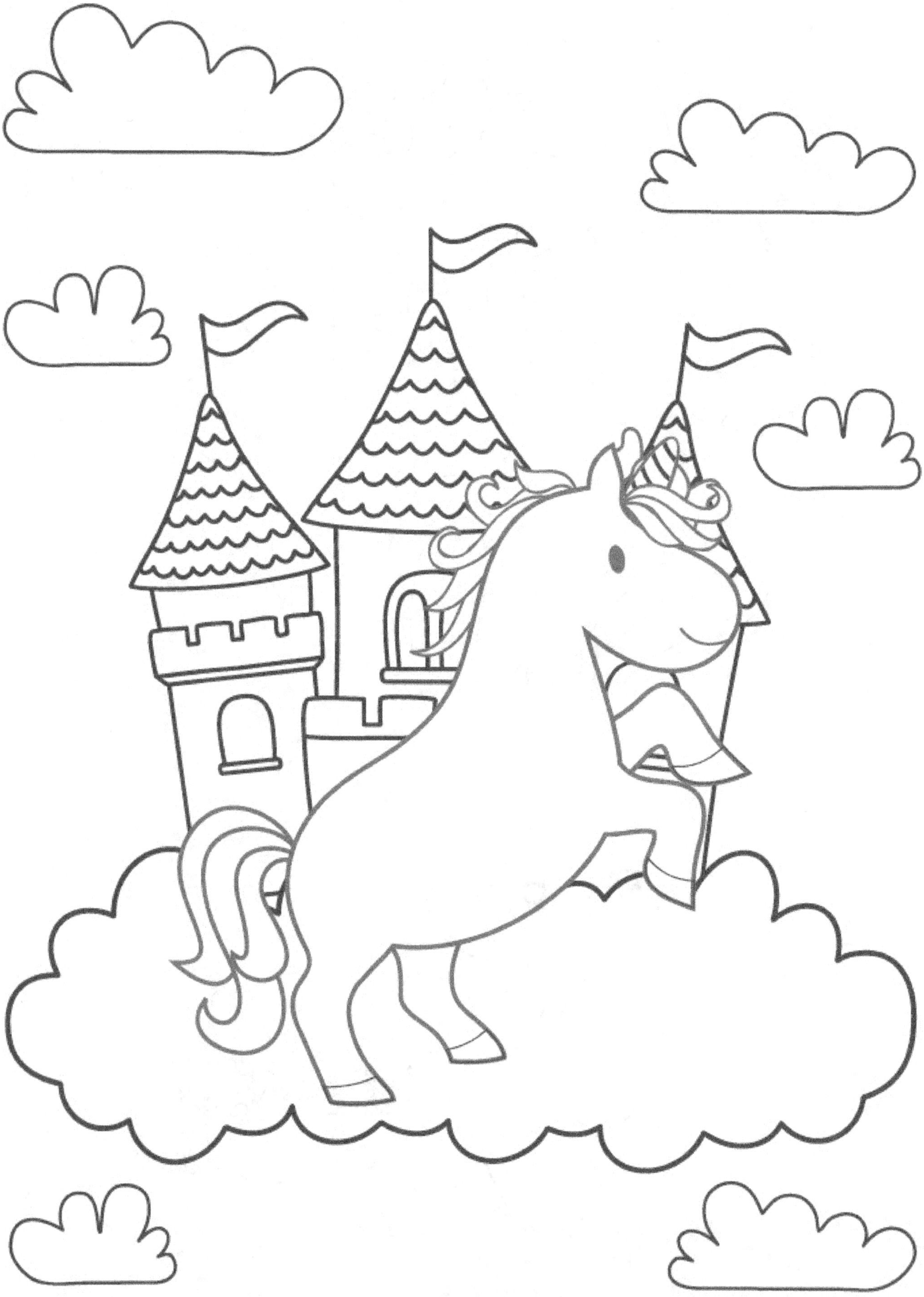

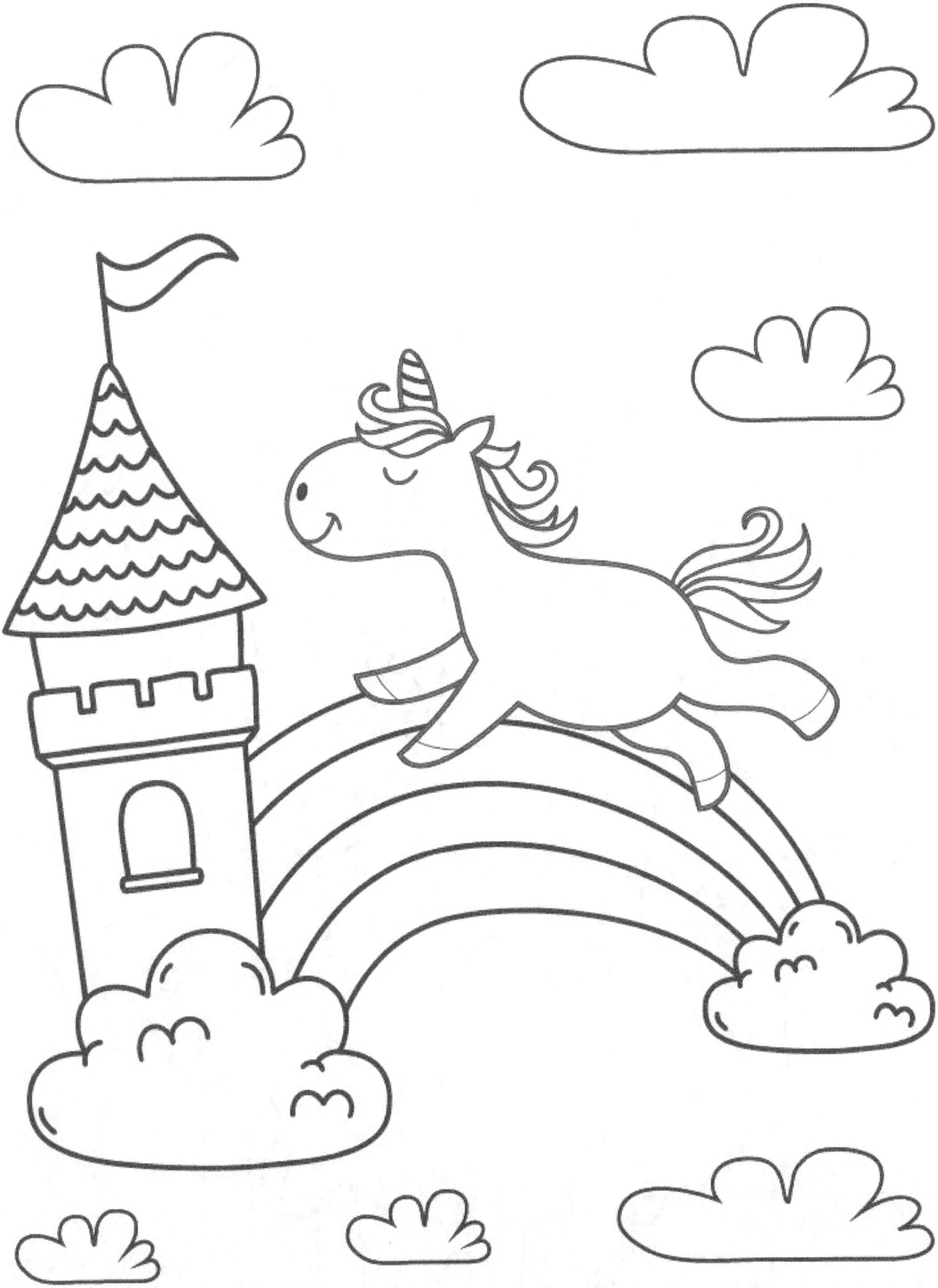

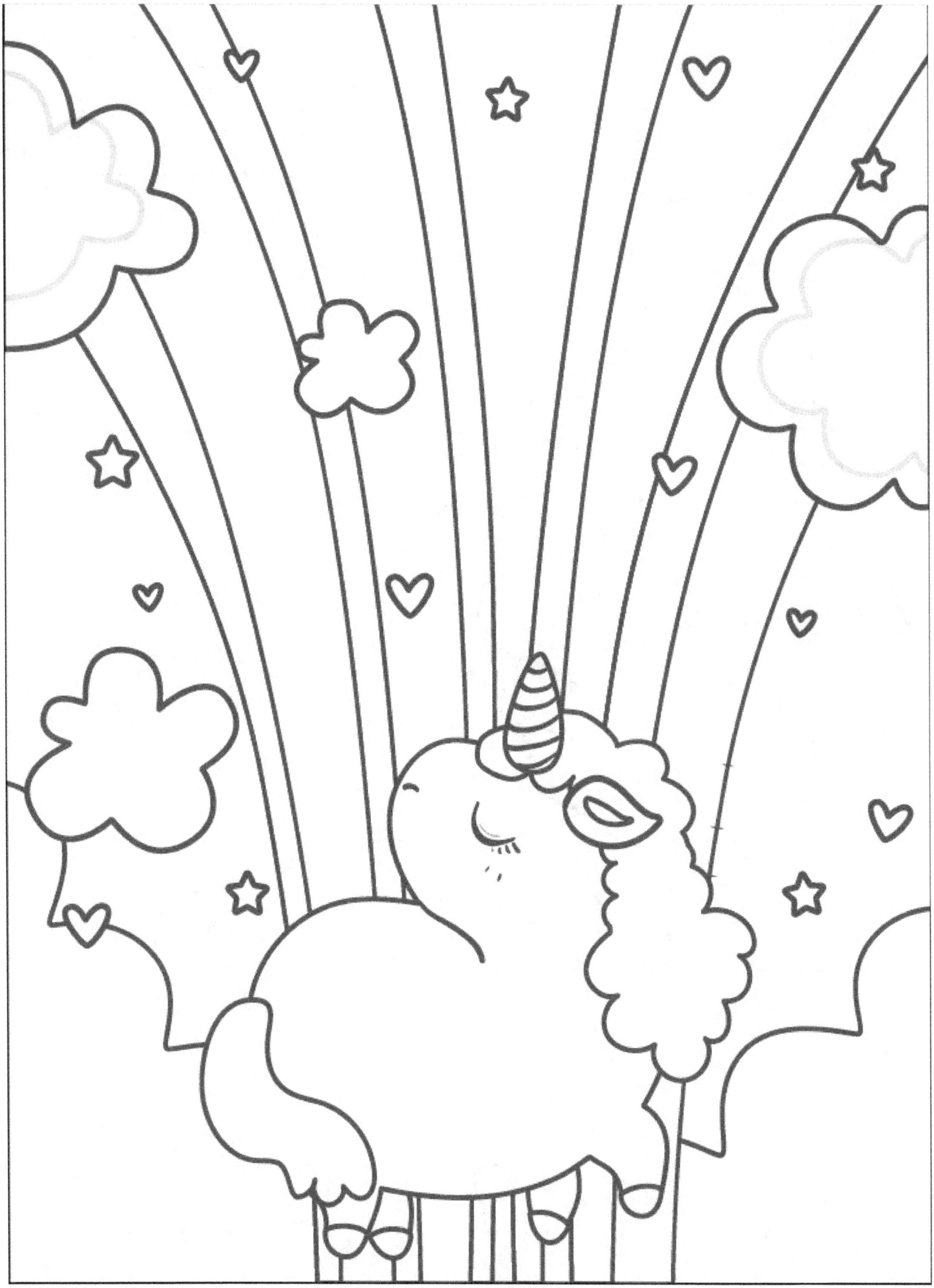

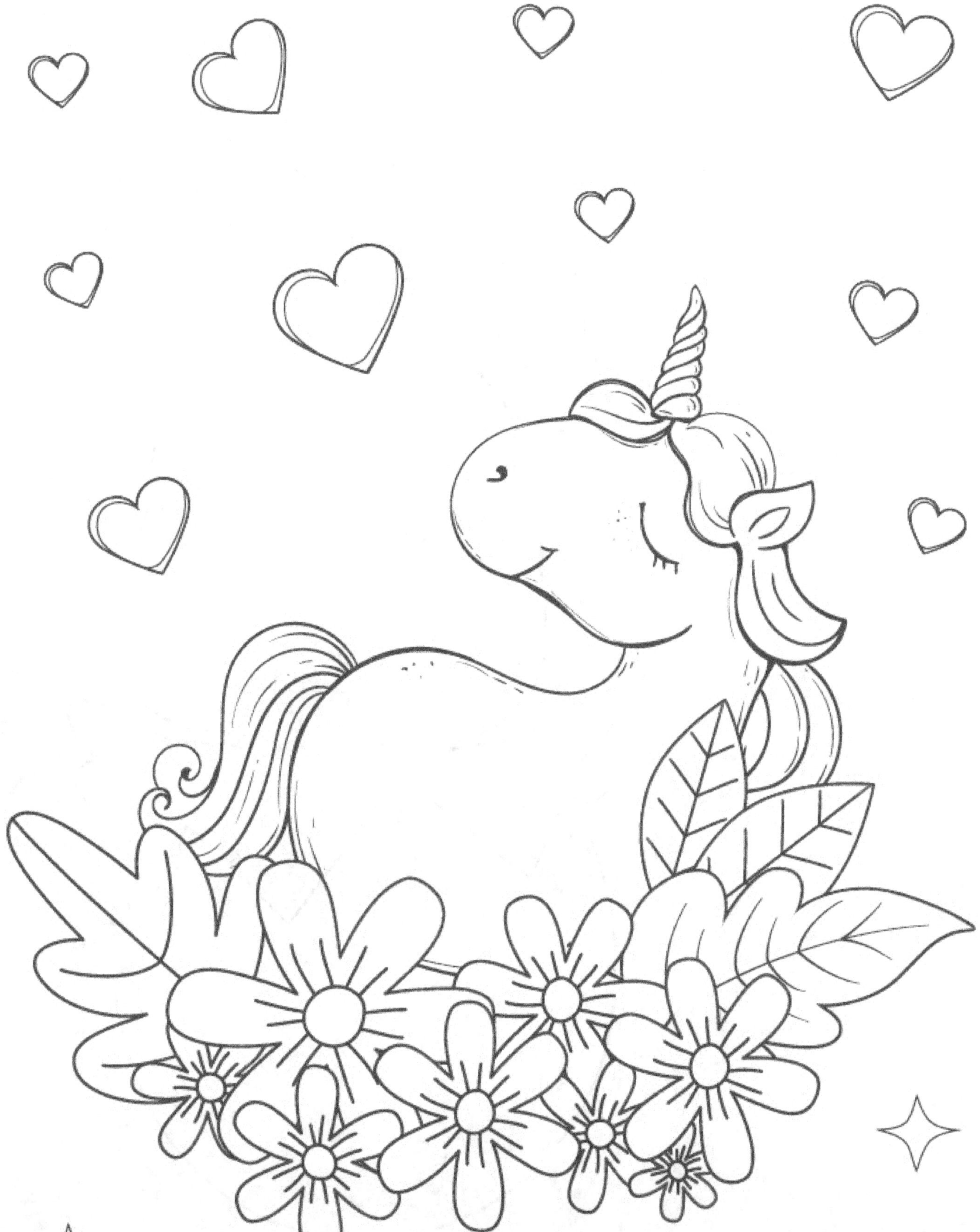

You CRACK me up

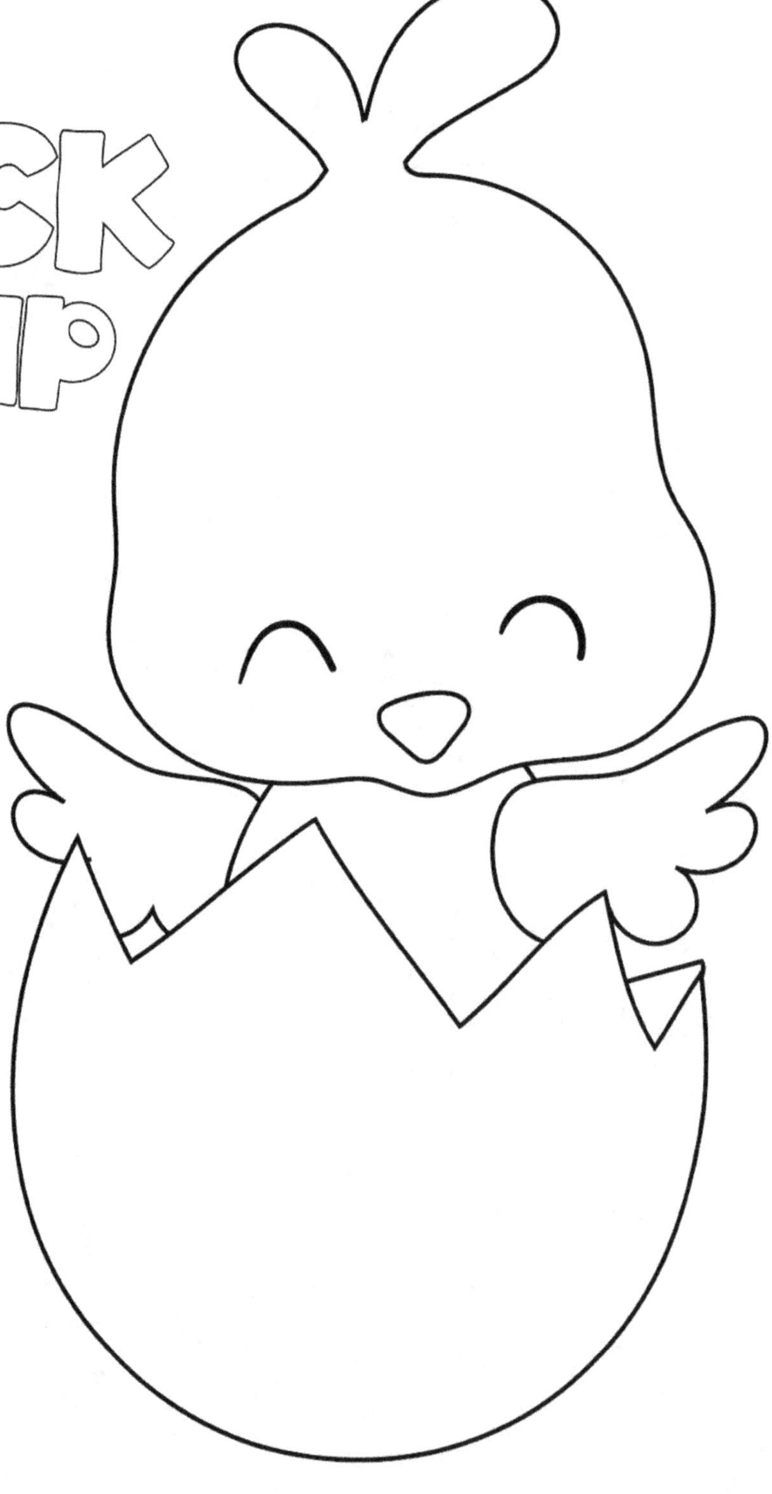

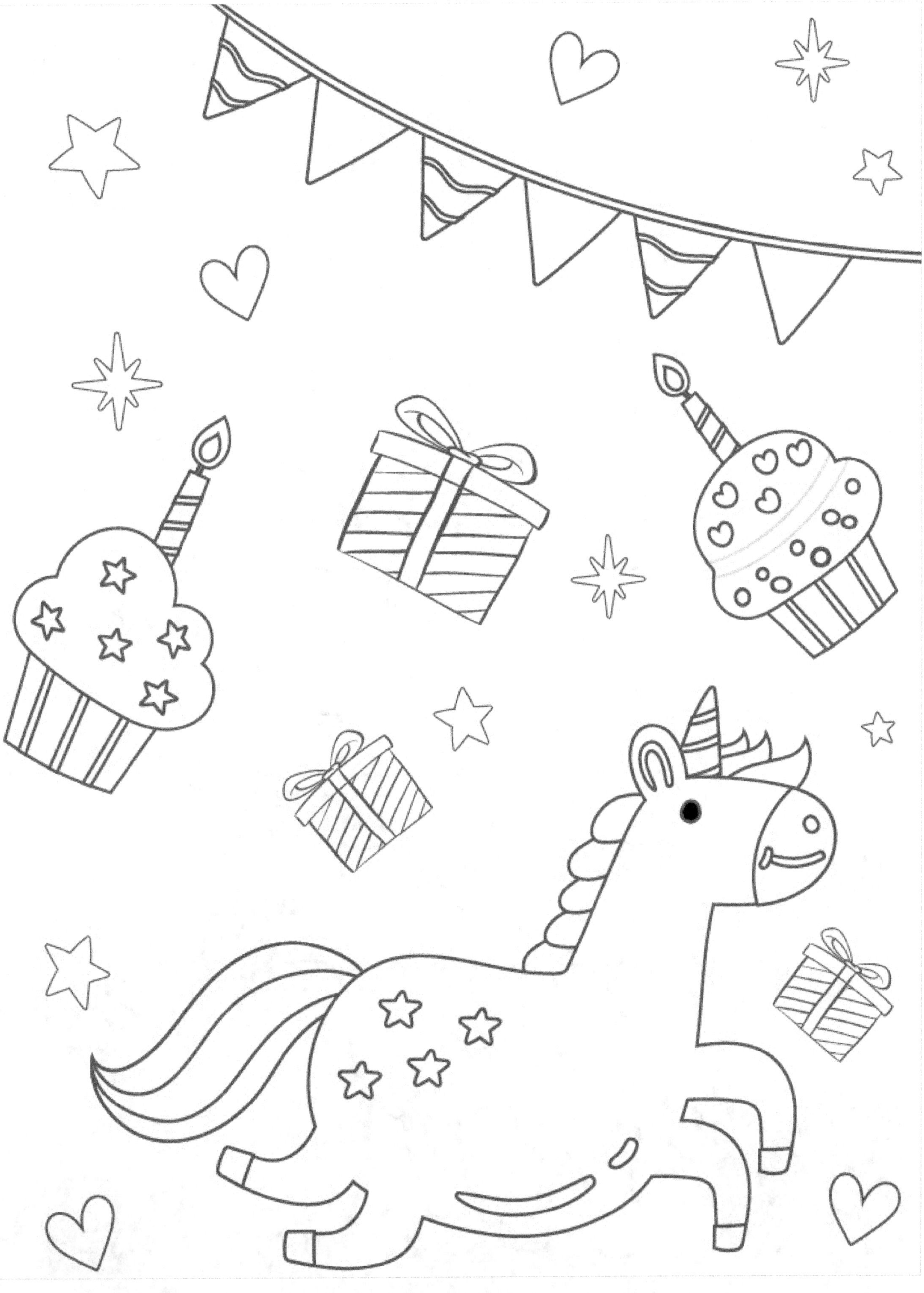

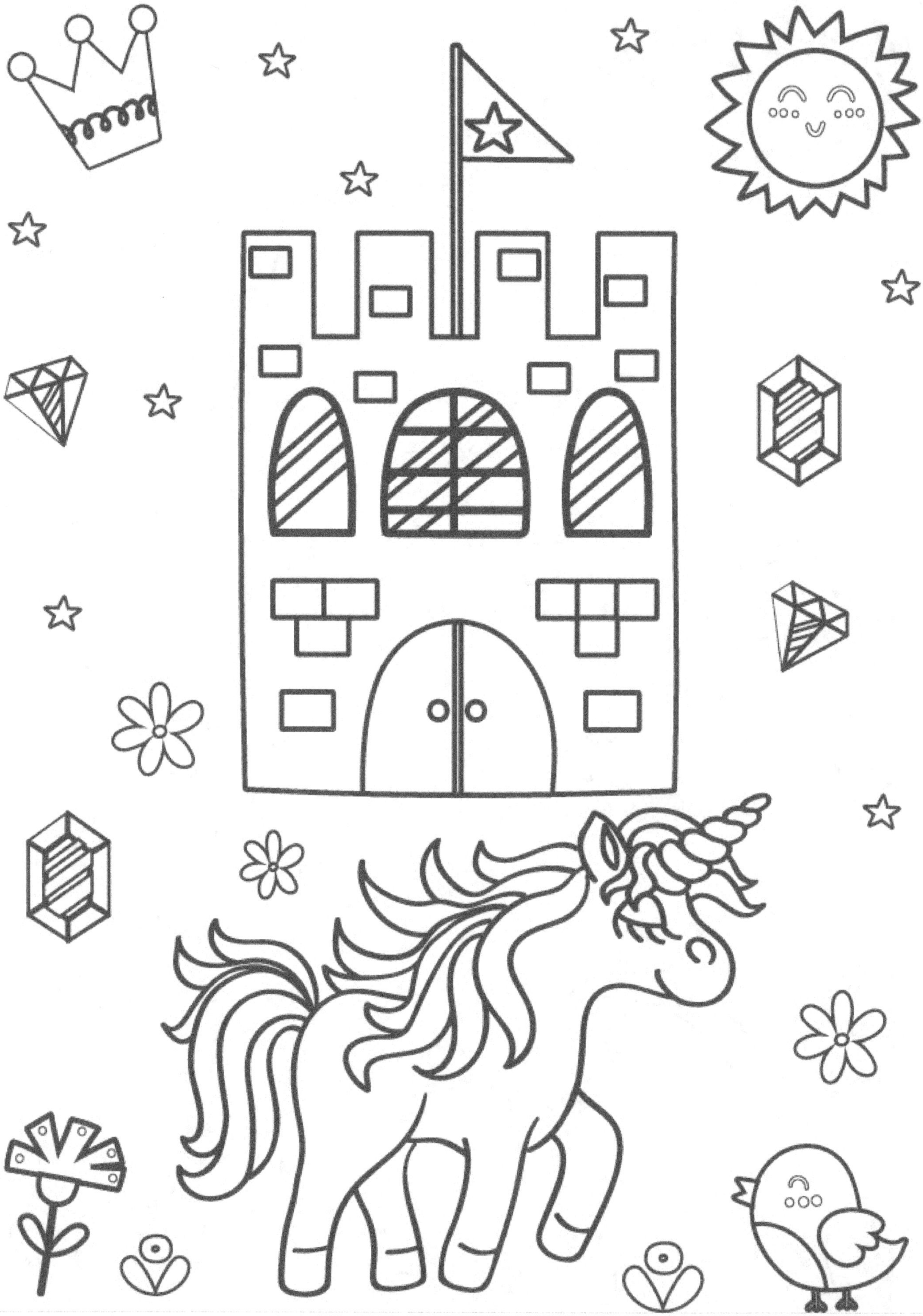

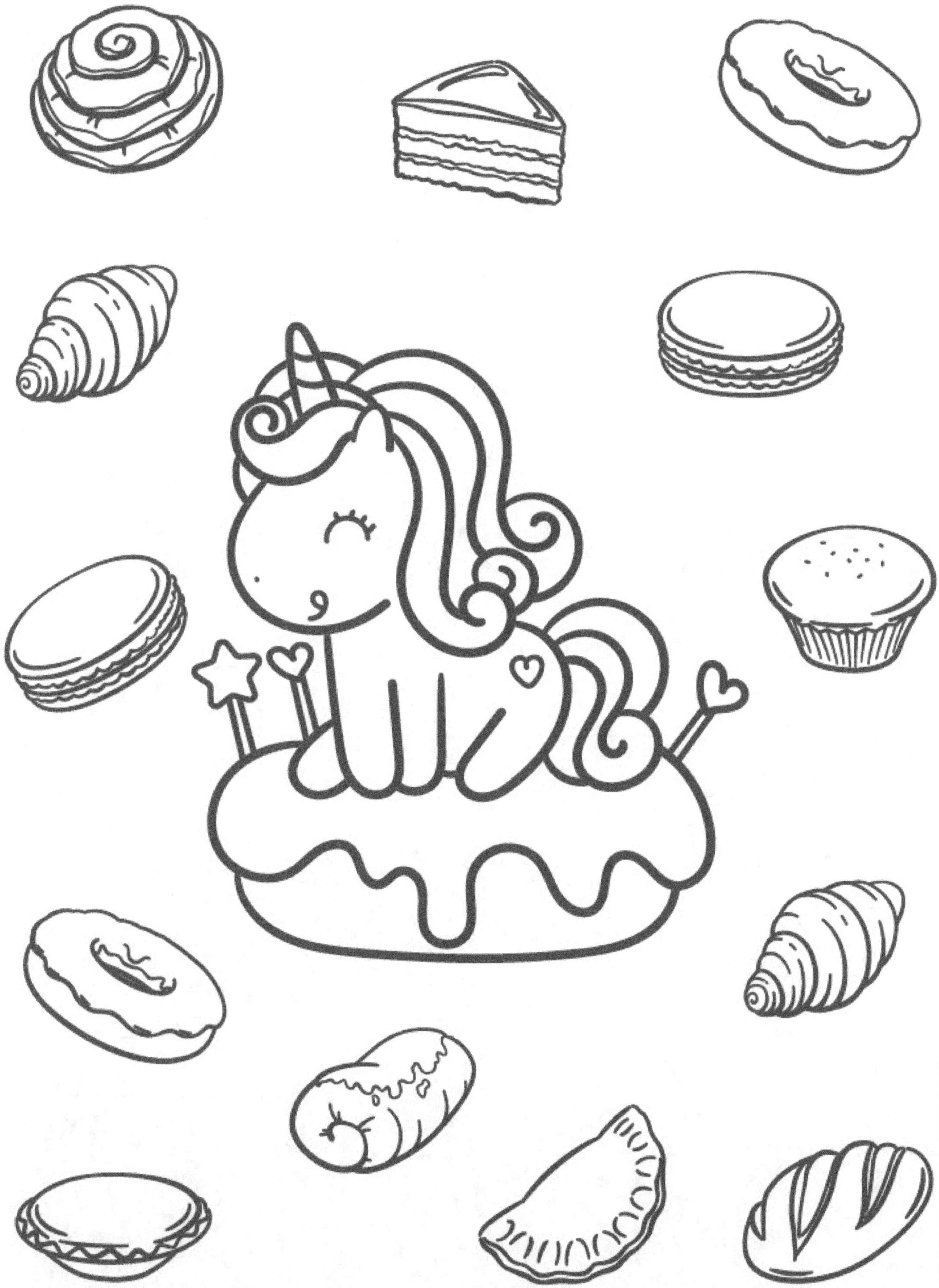

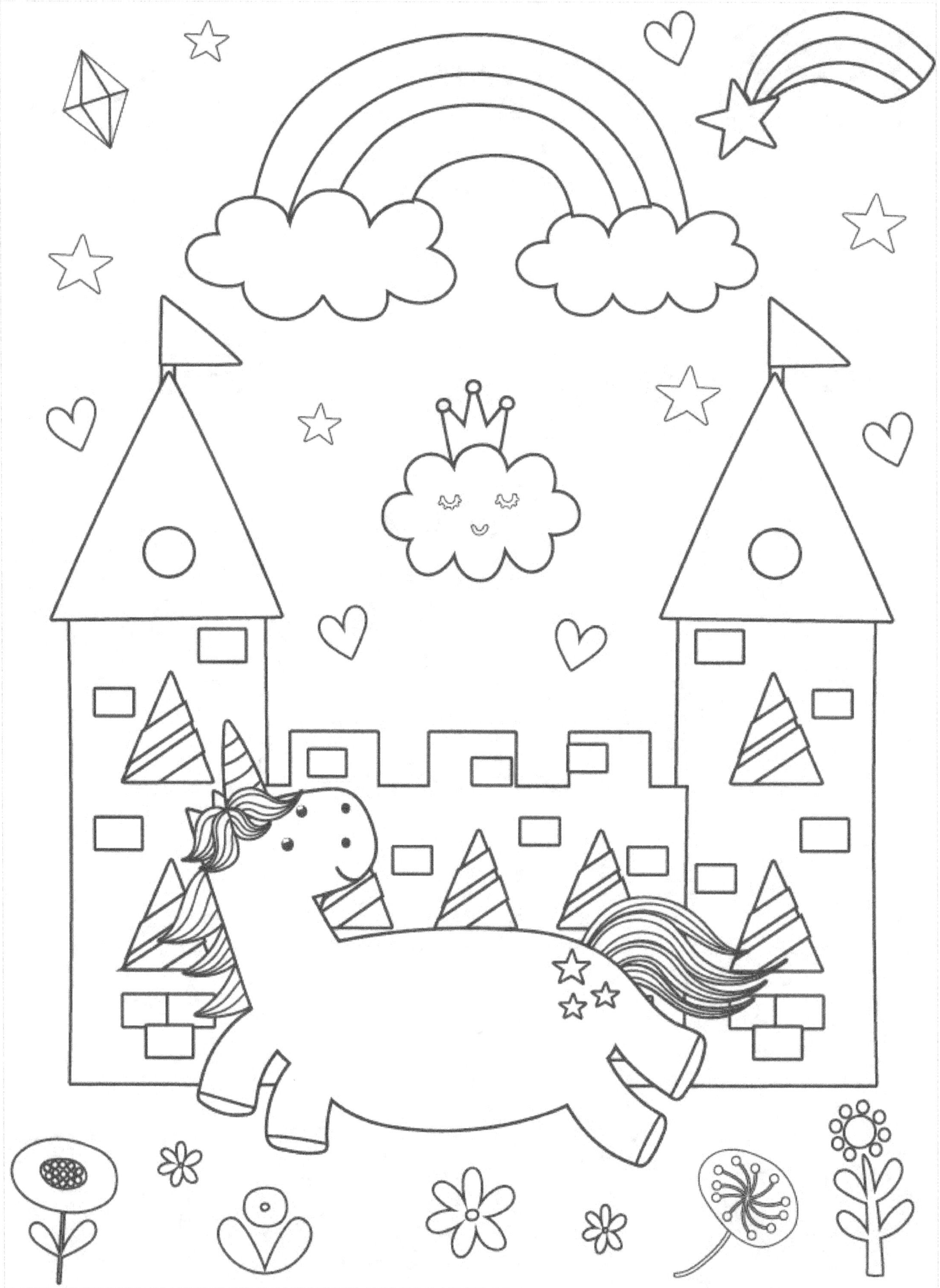

FOR peeps sake

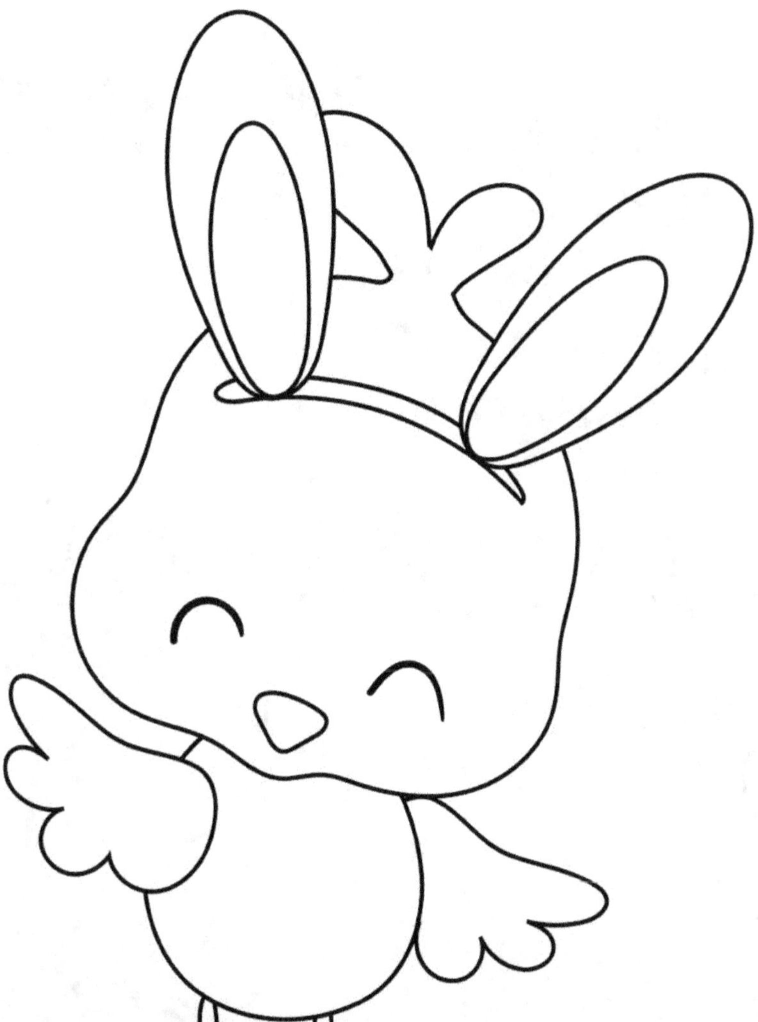

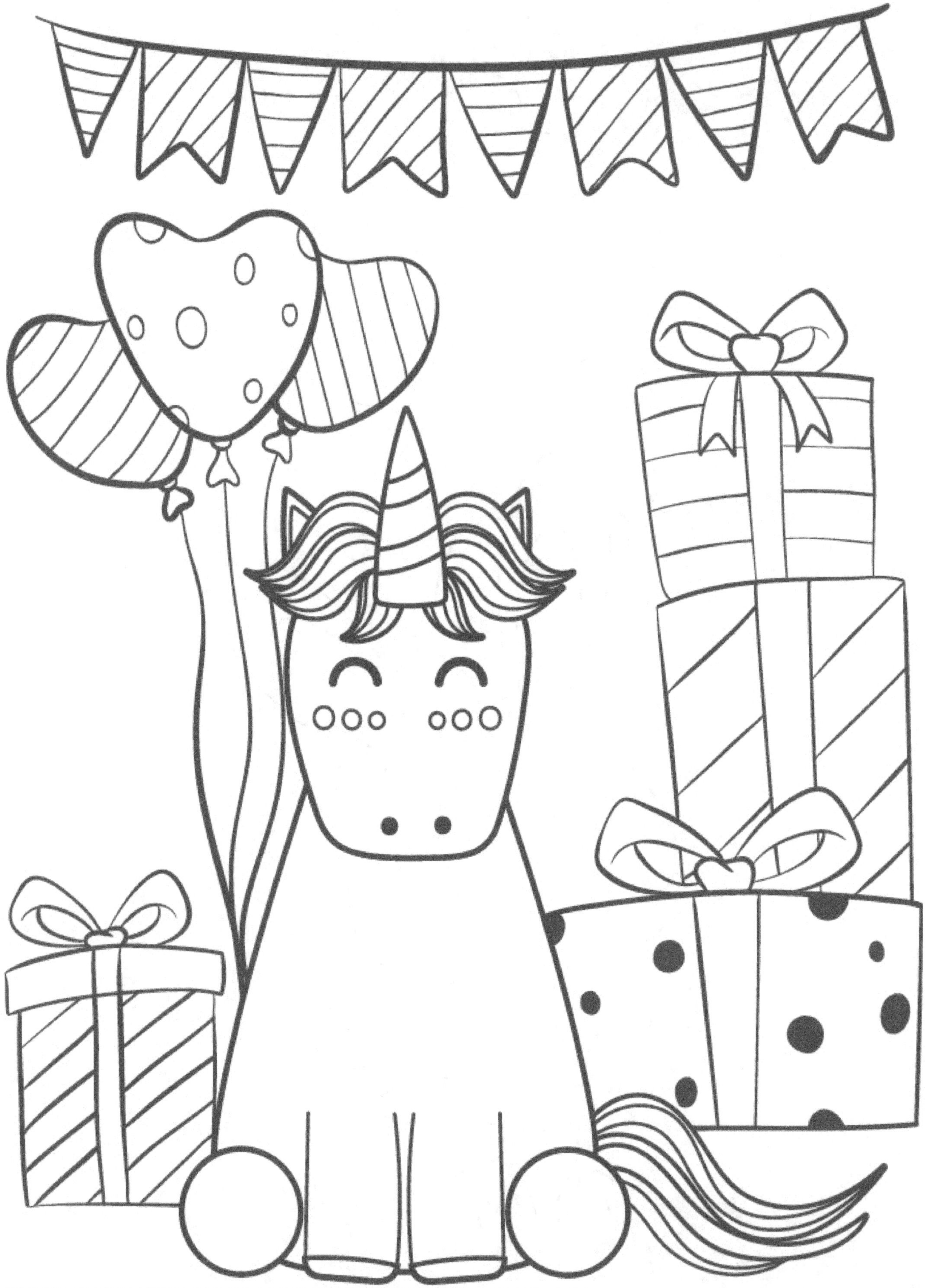

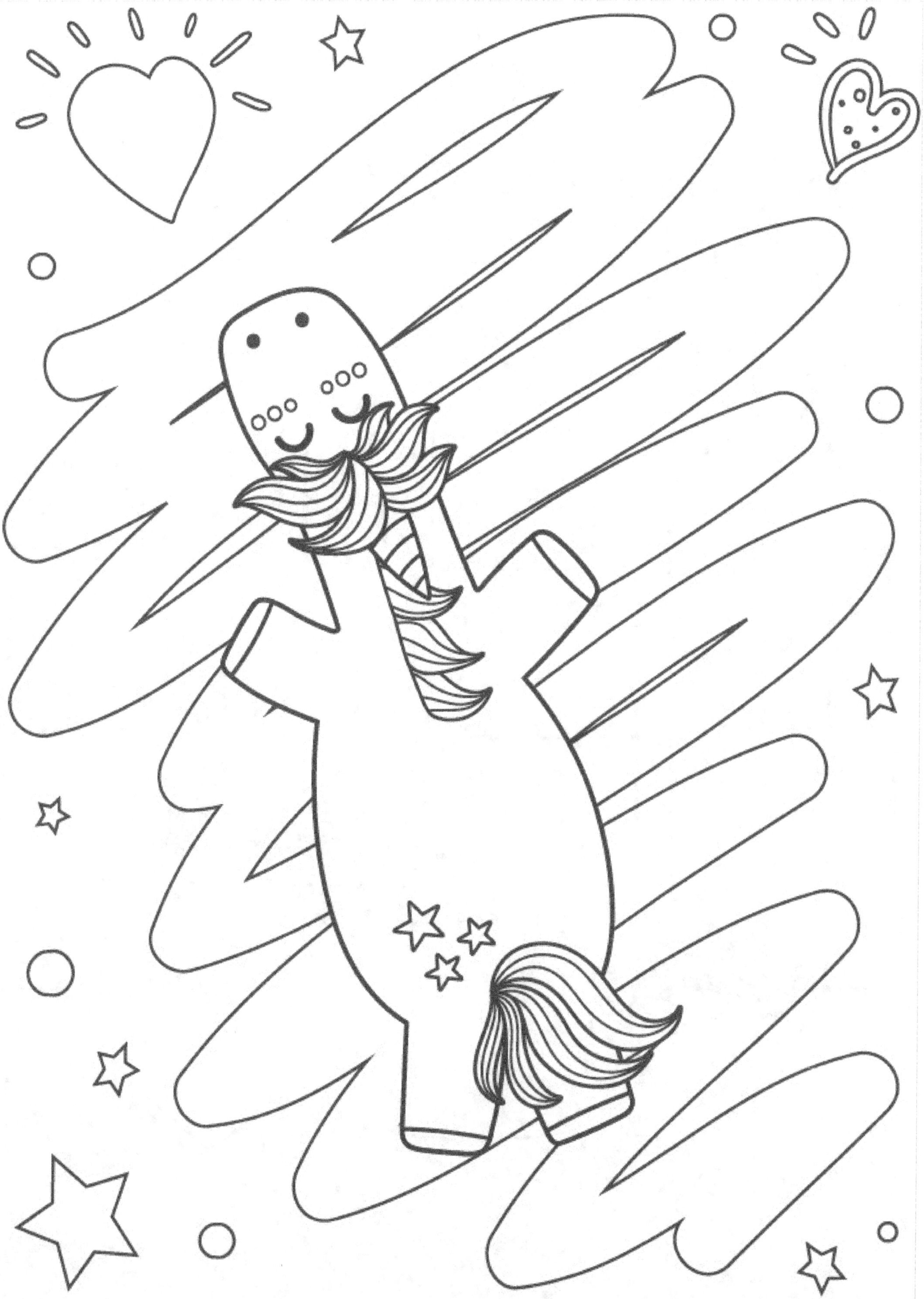

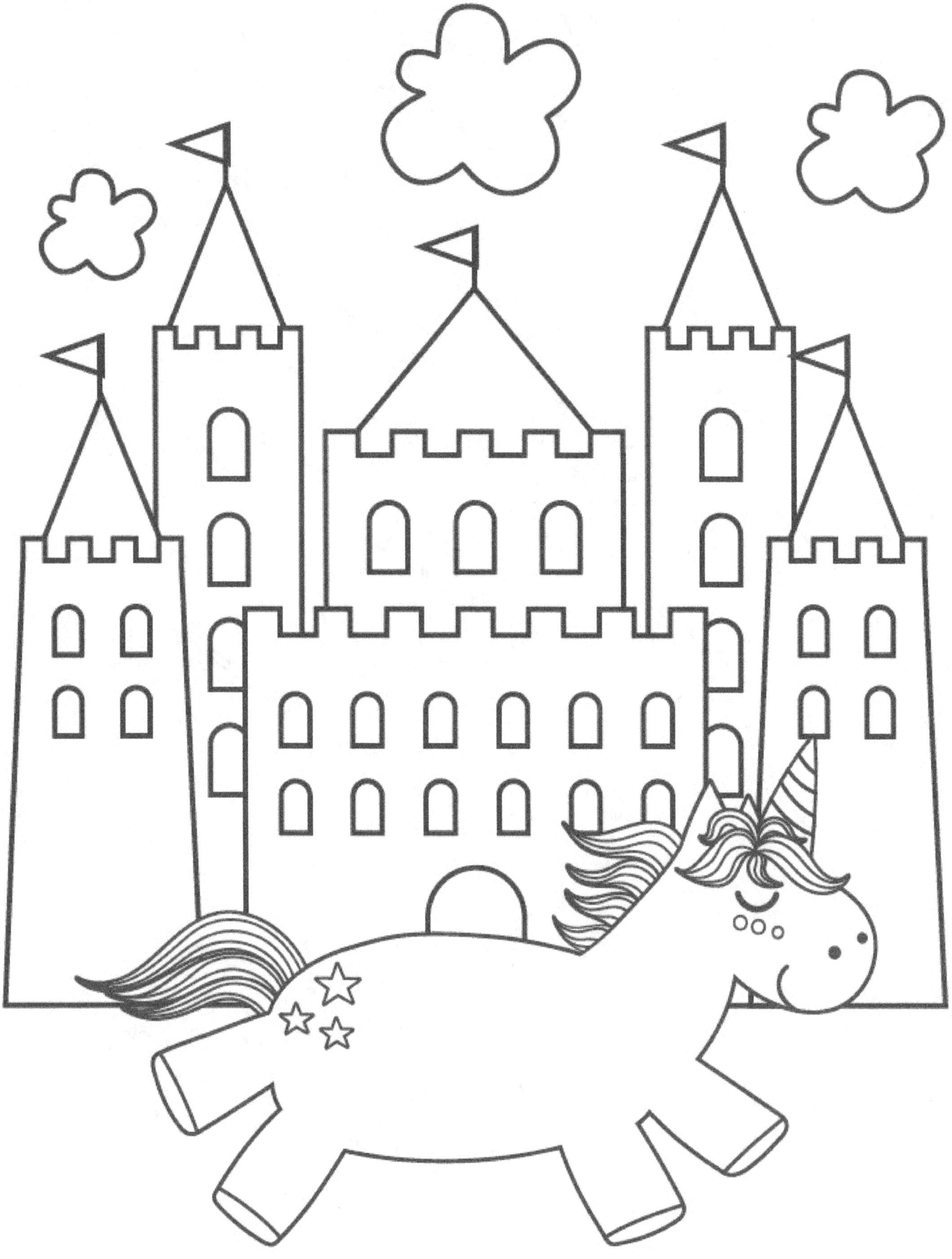

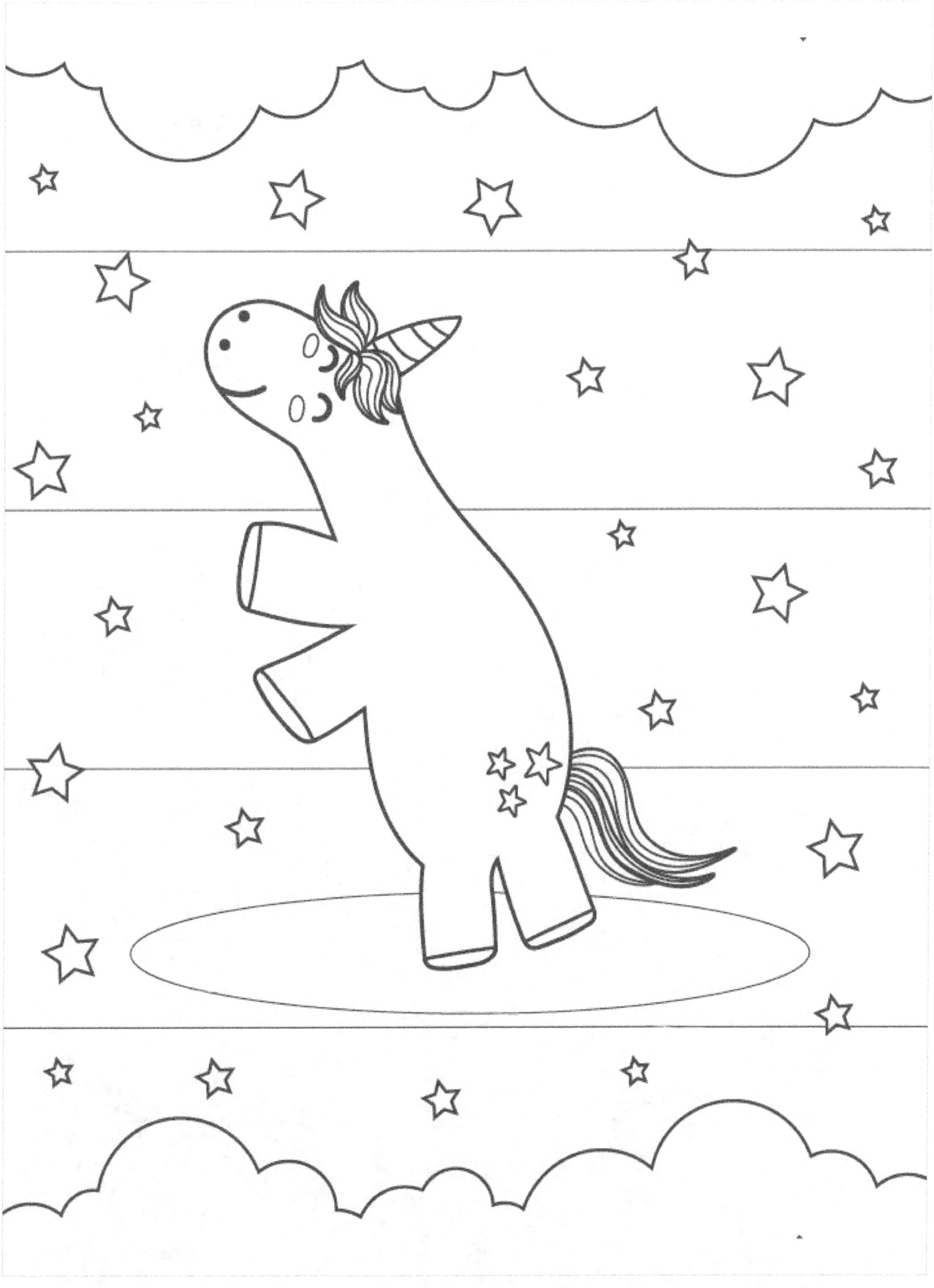

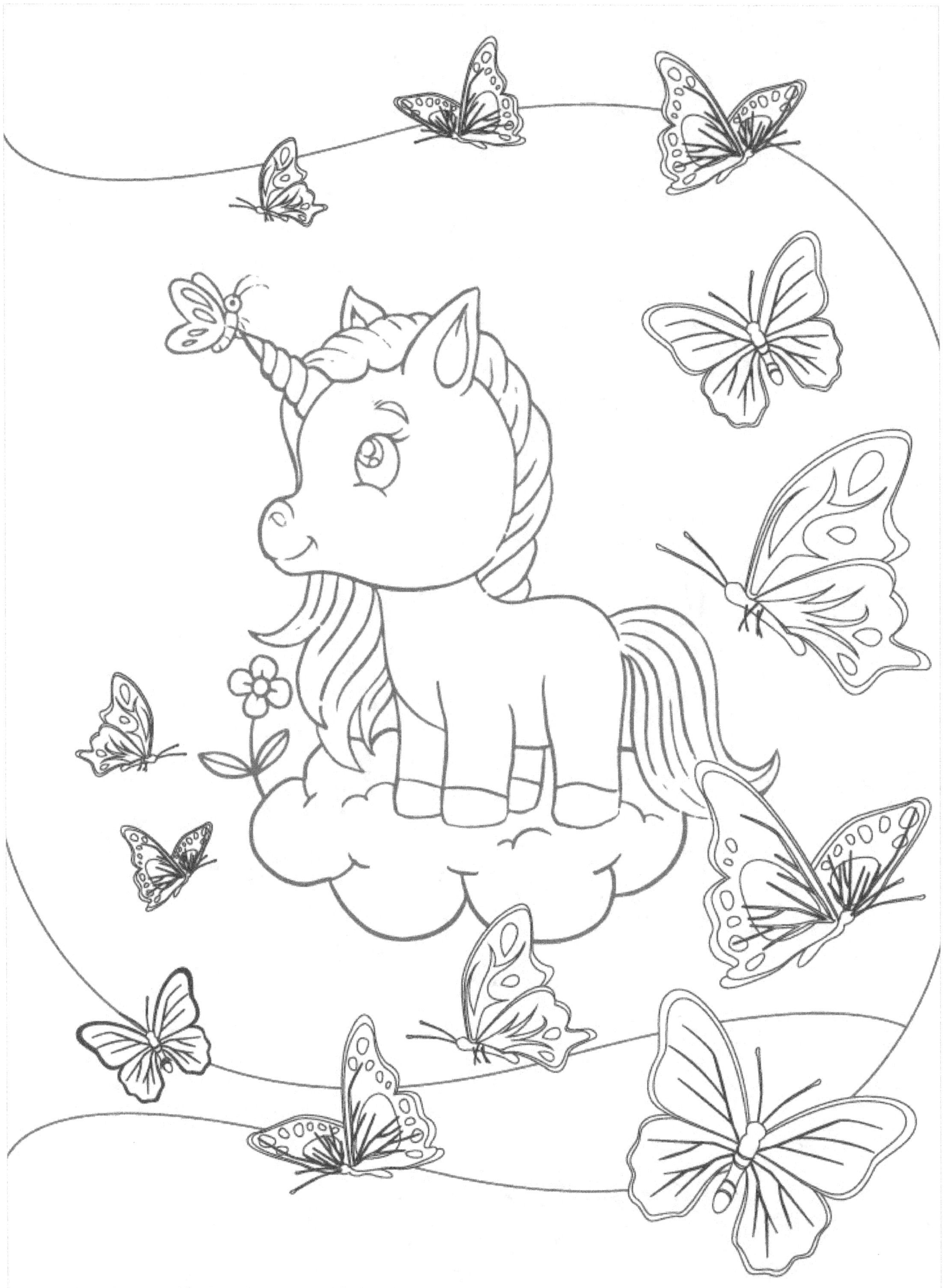

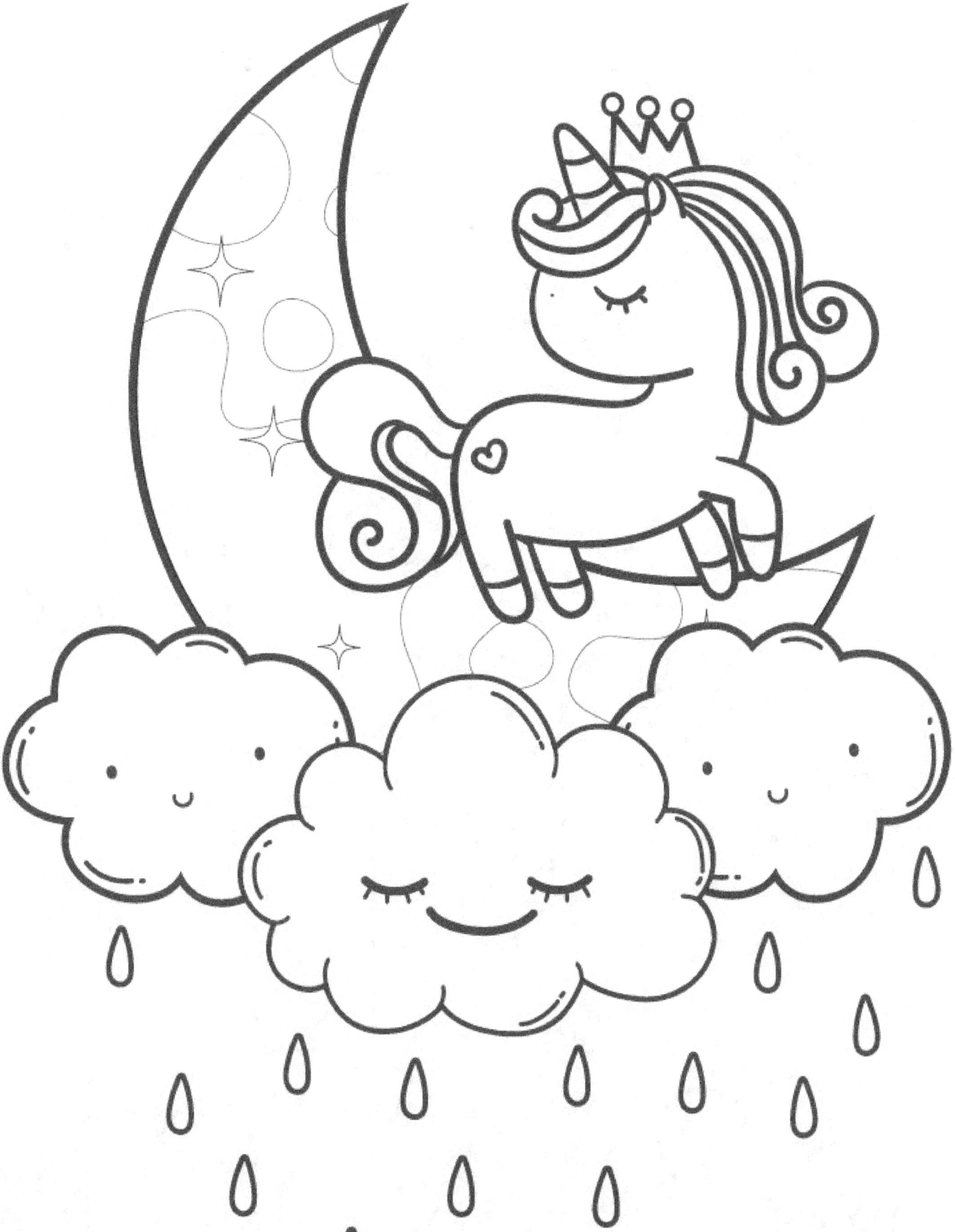

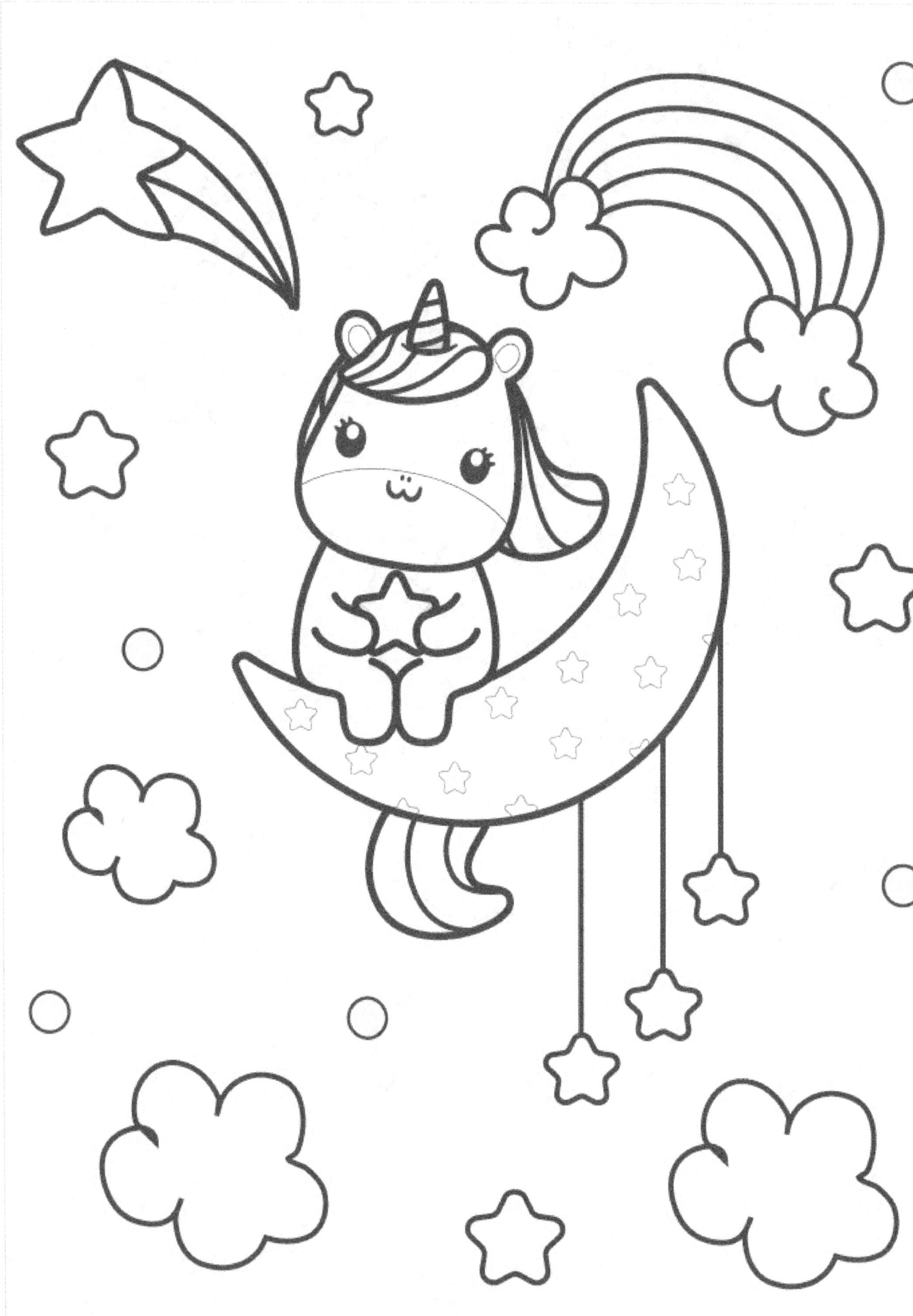

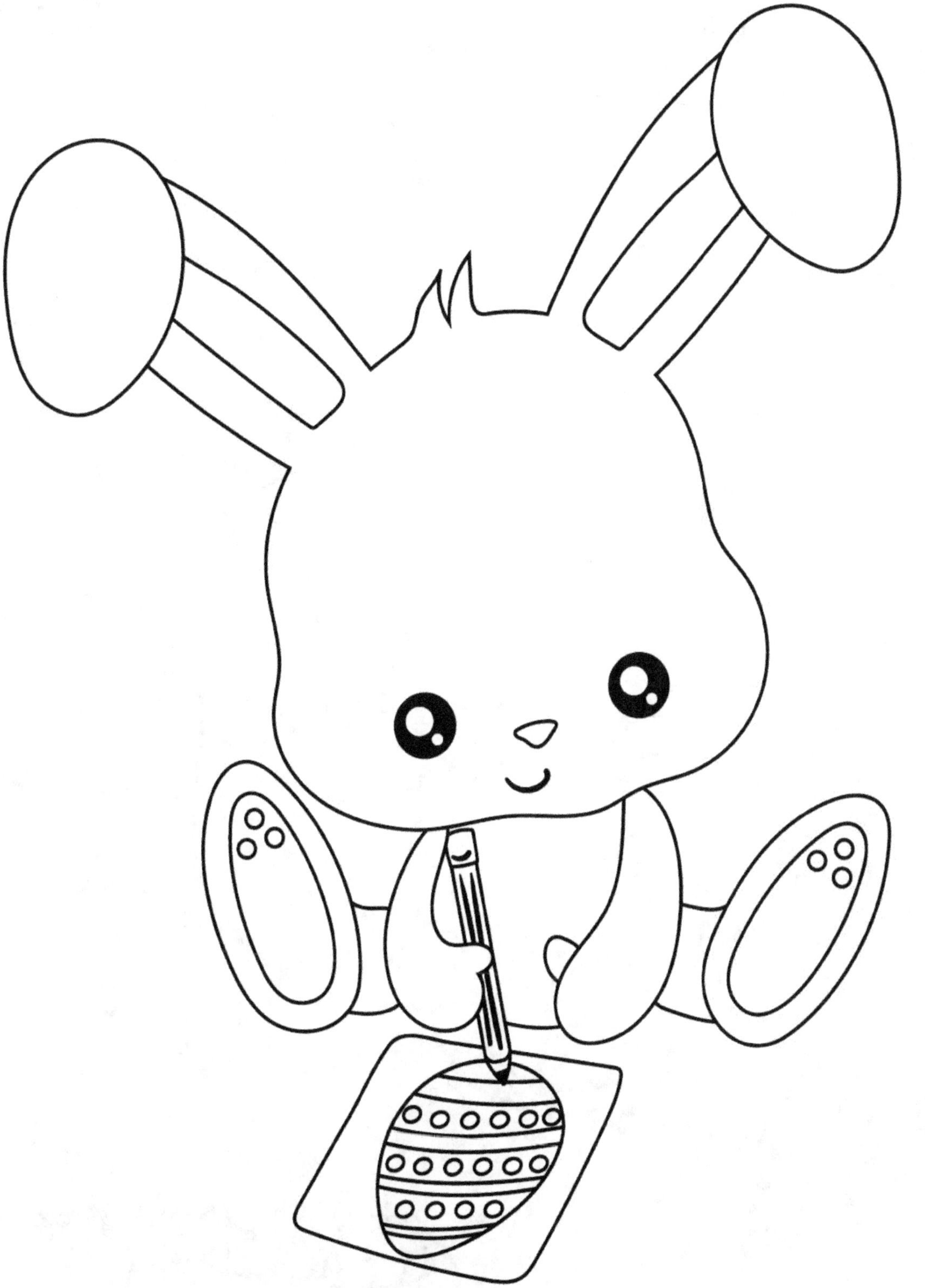

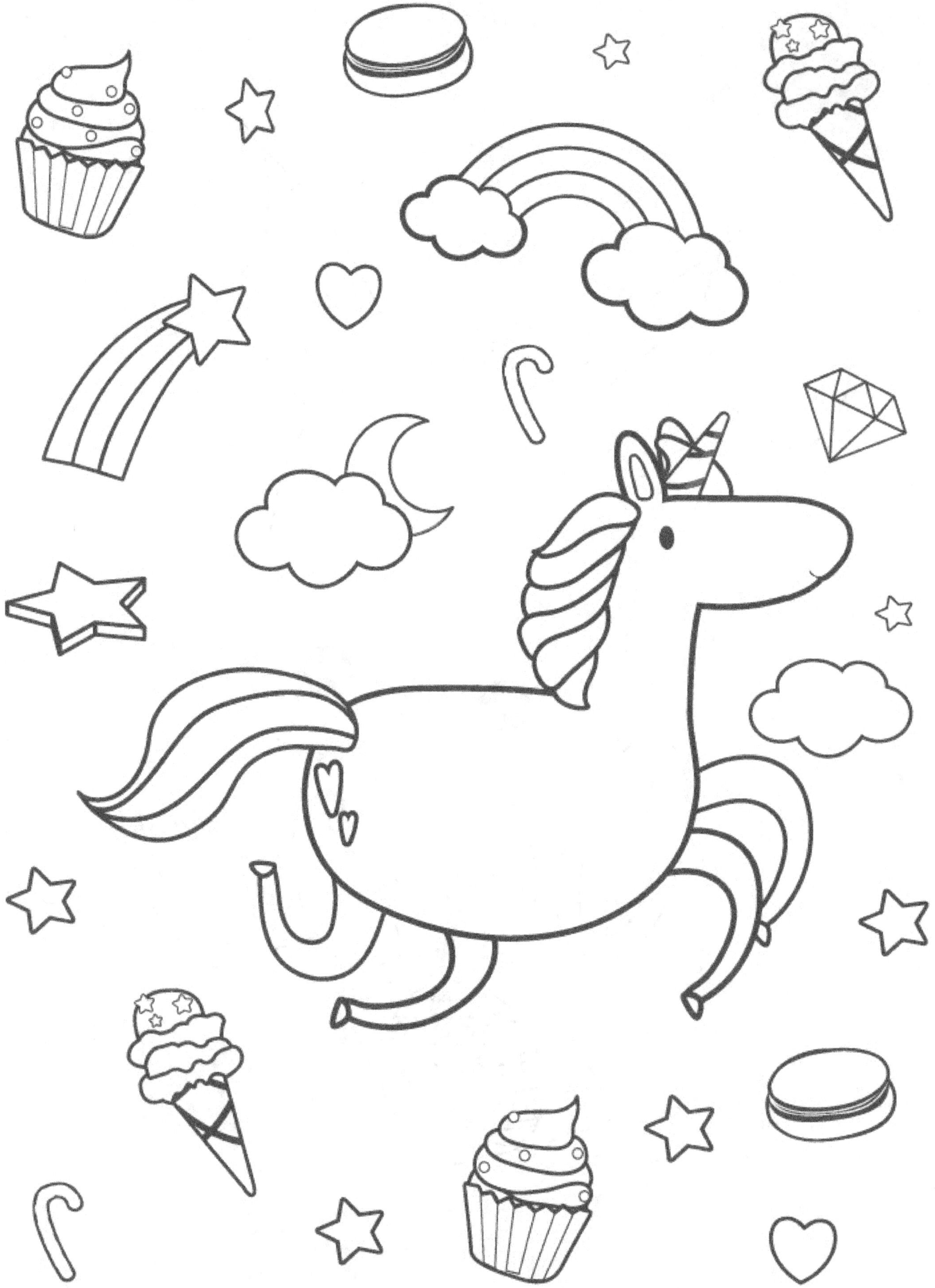

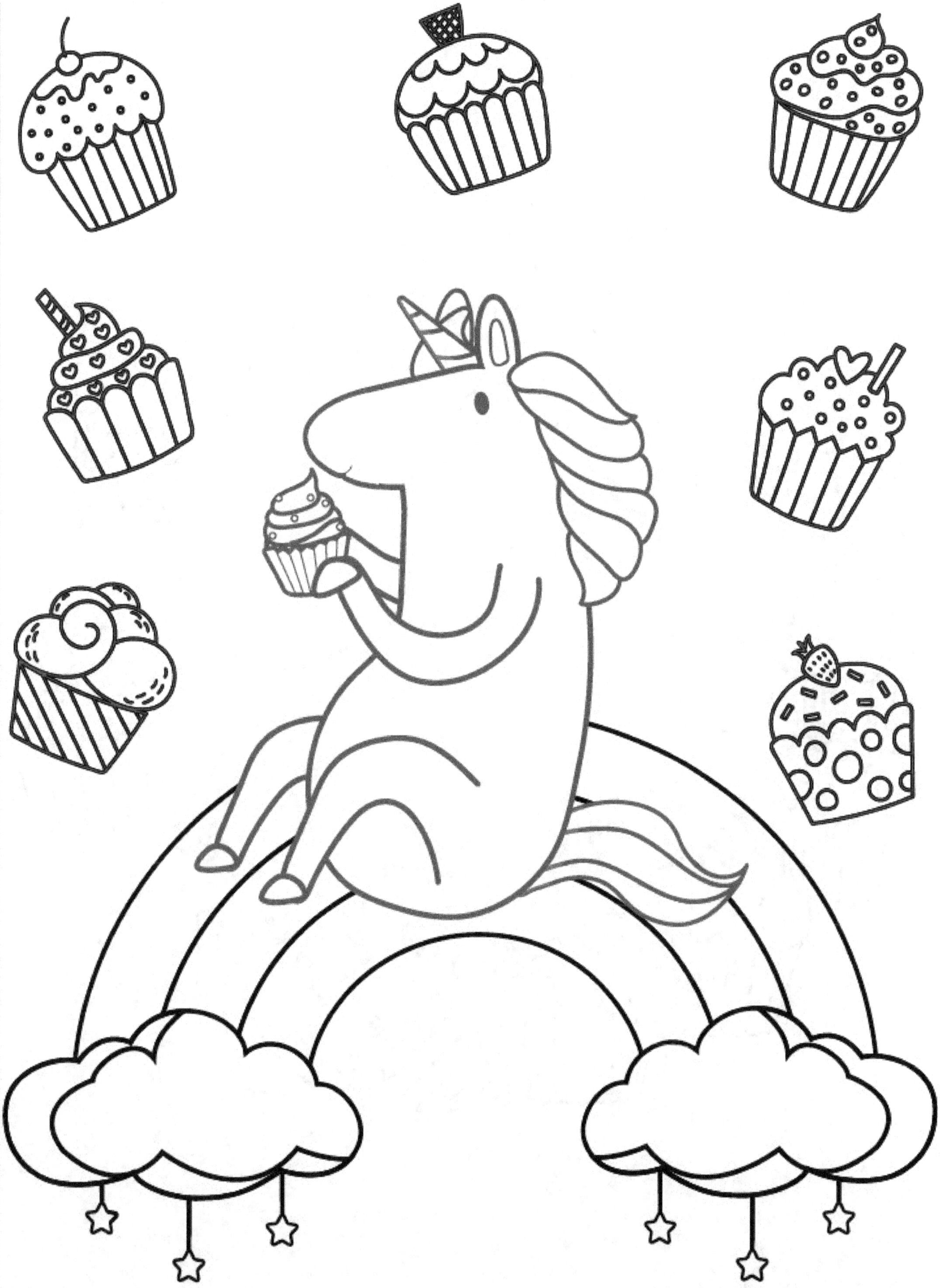

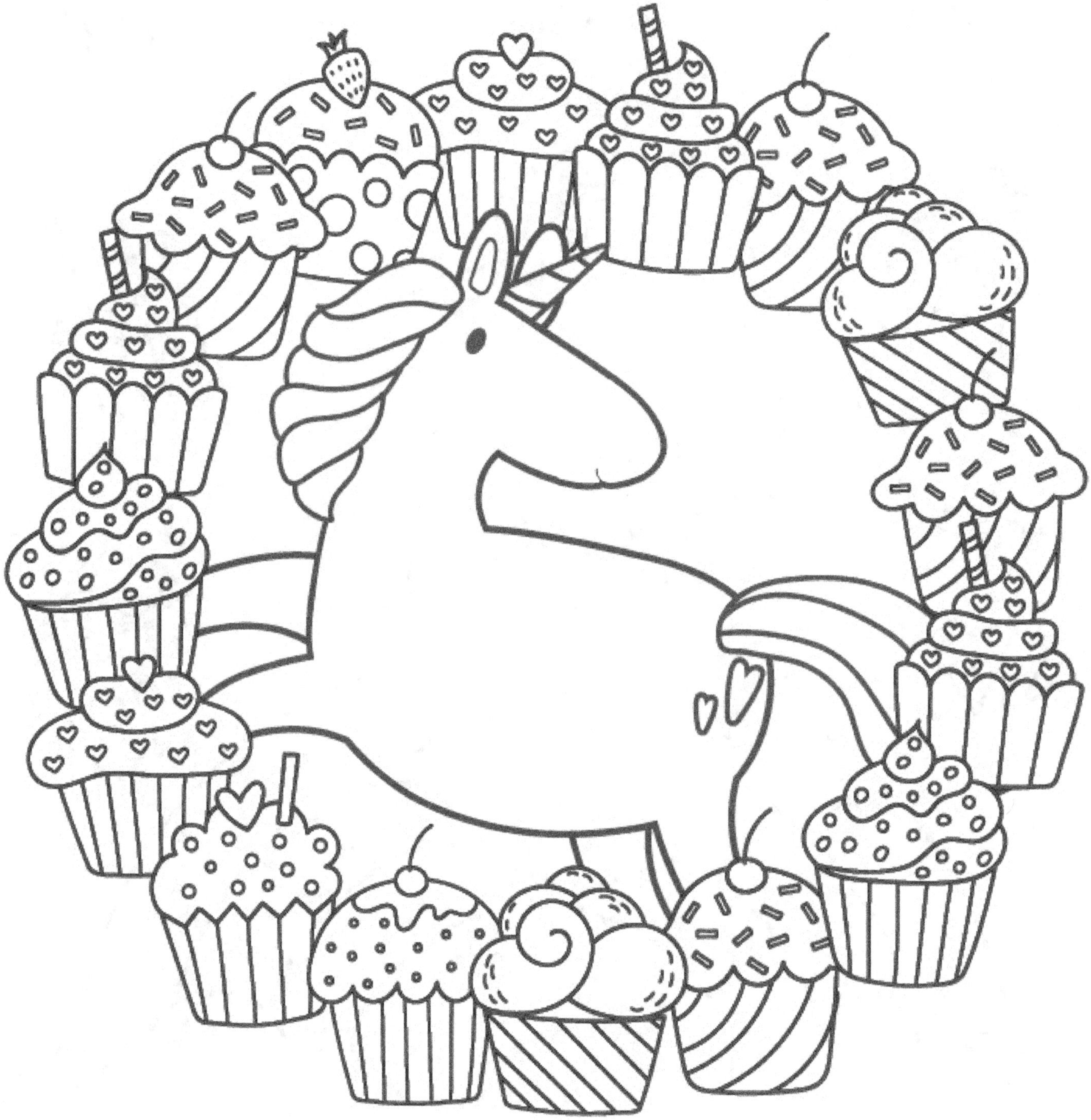

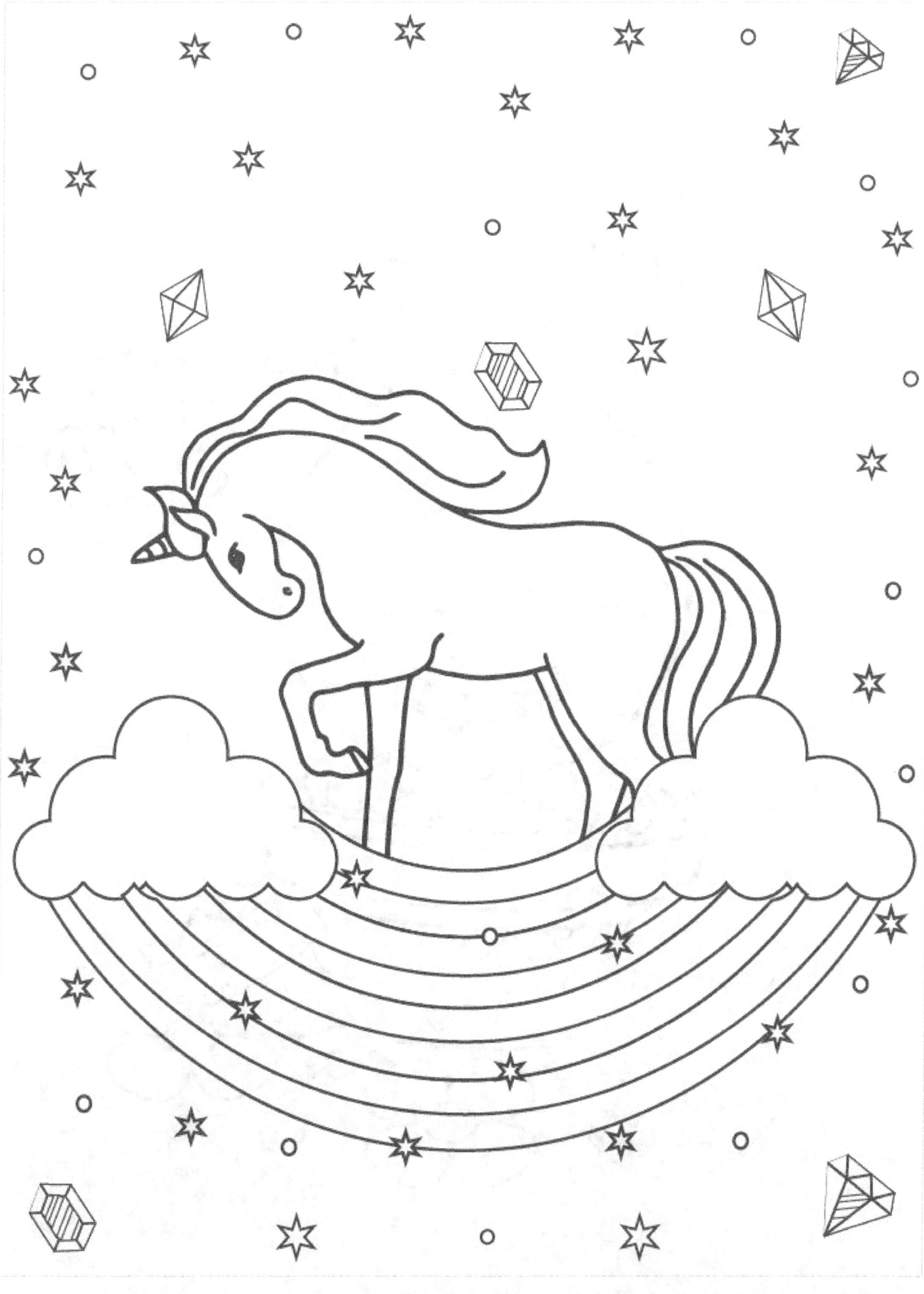

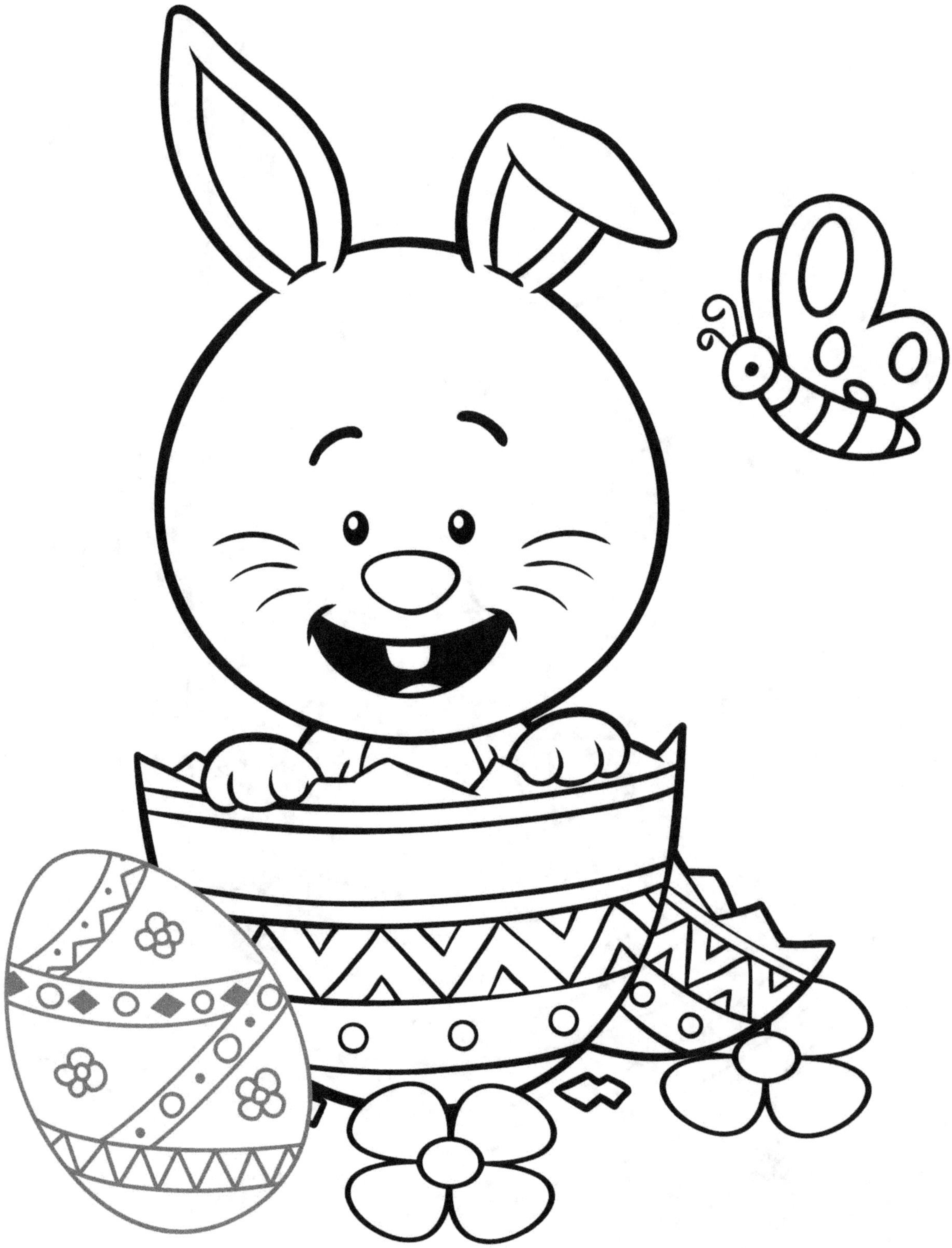

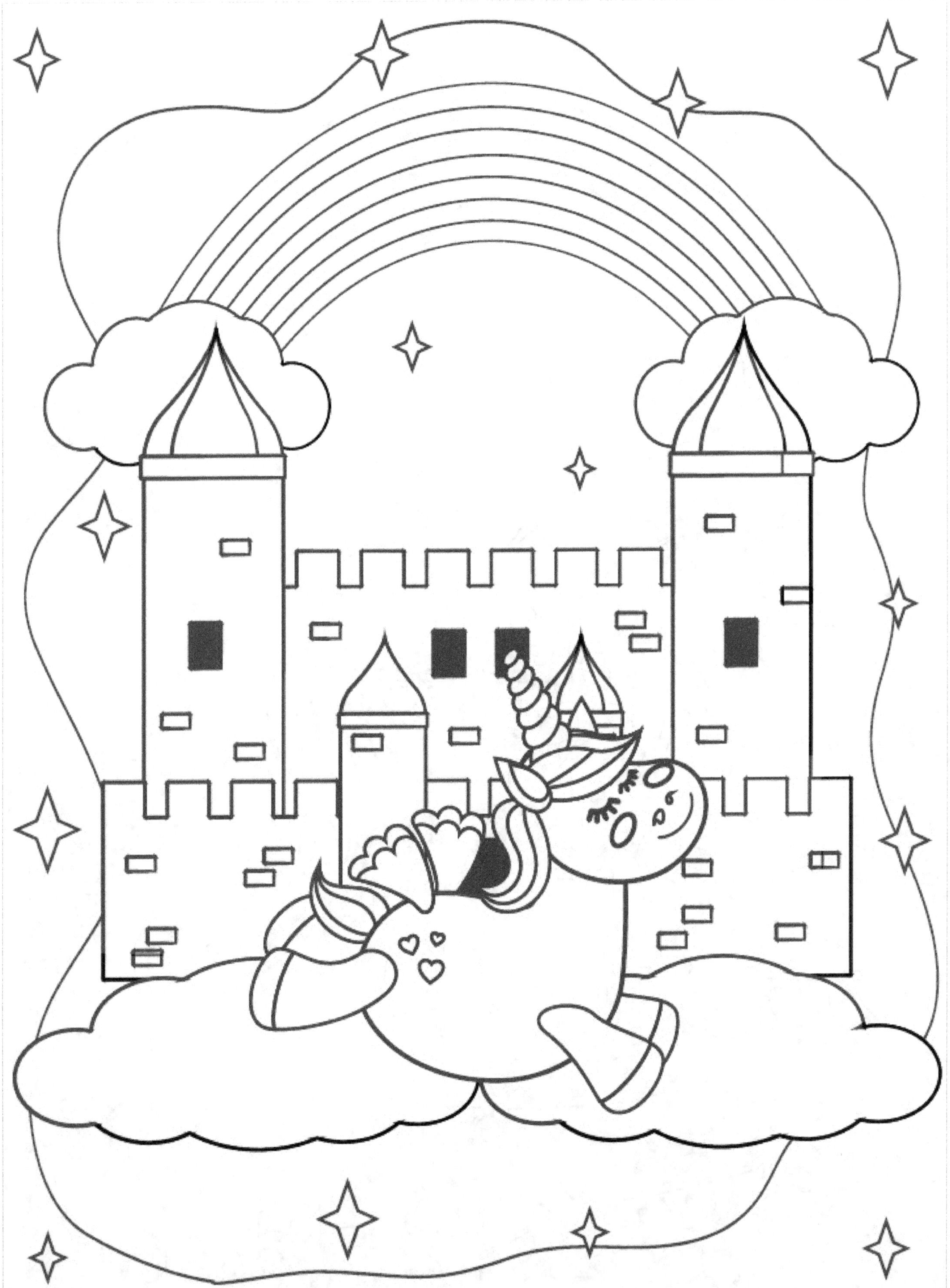

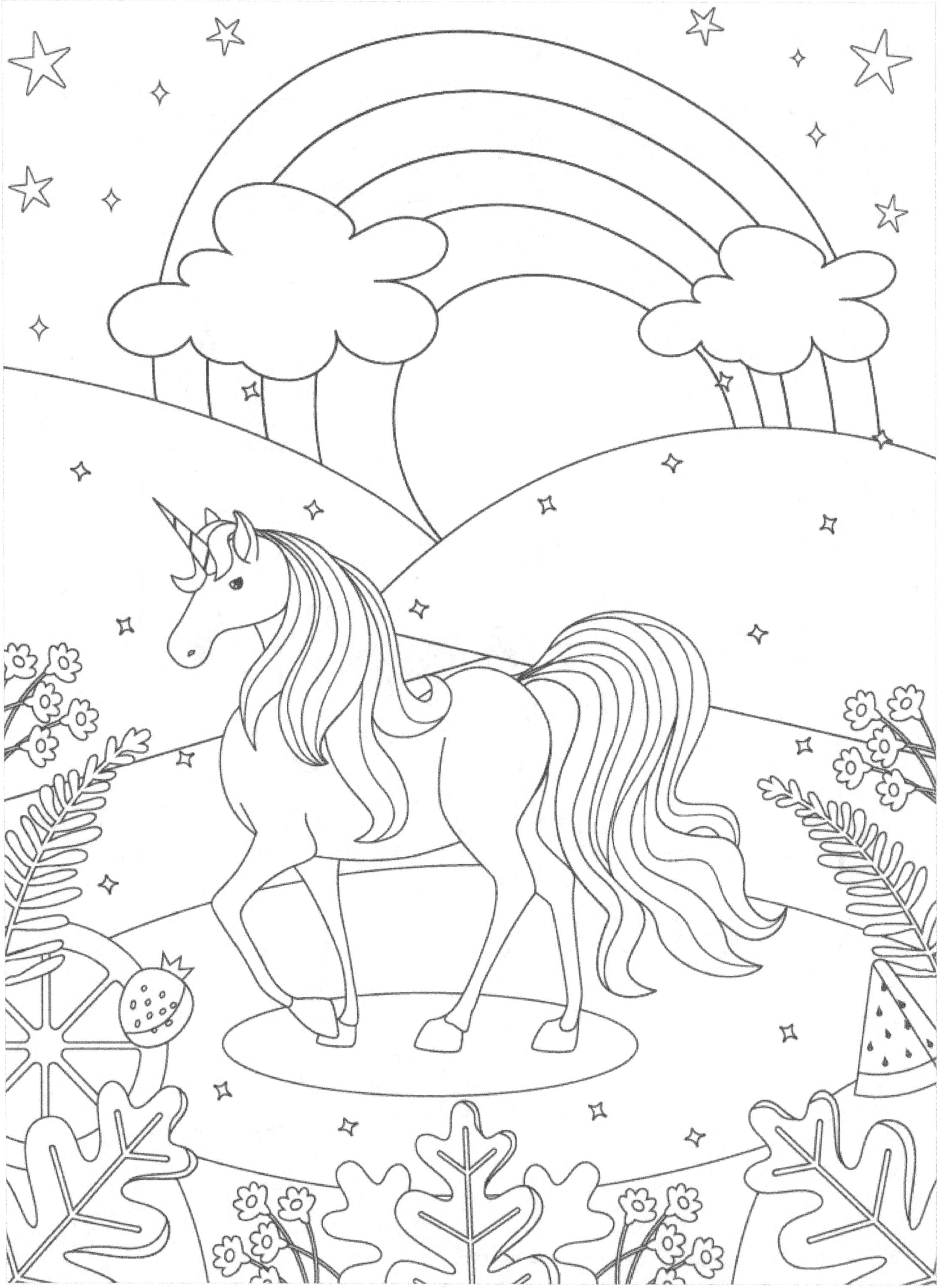

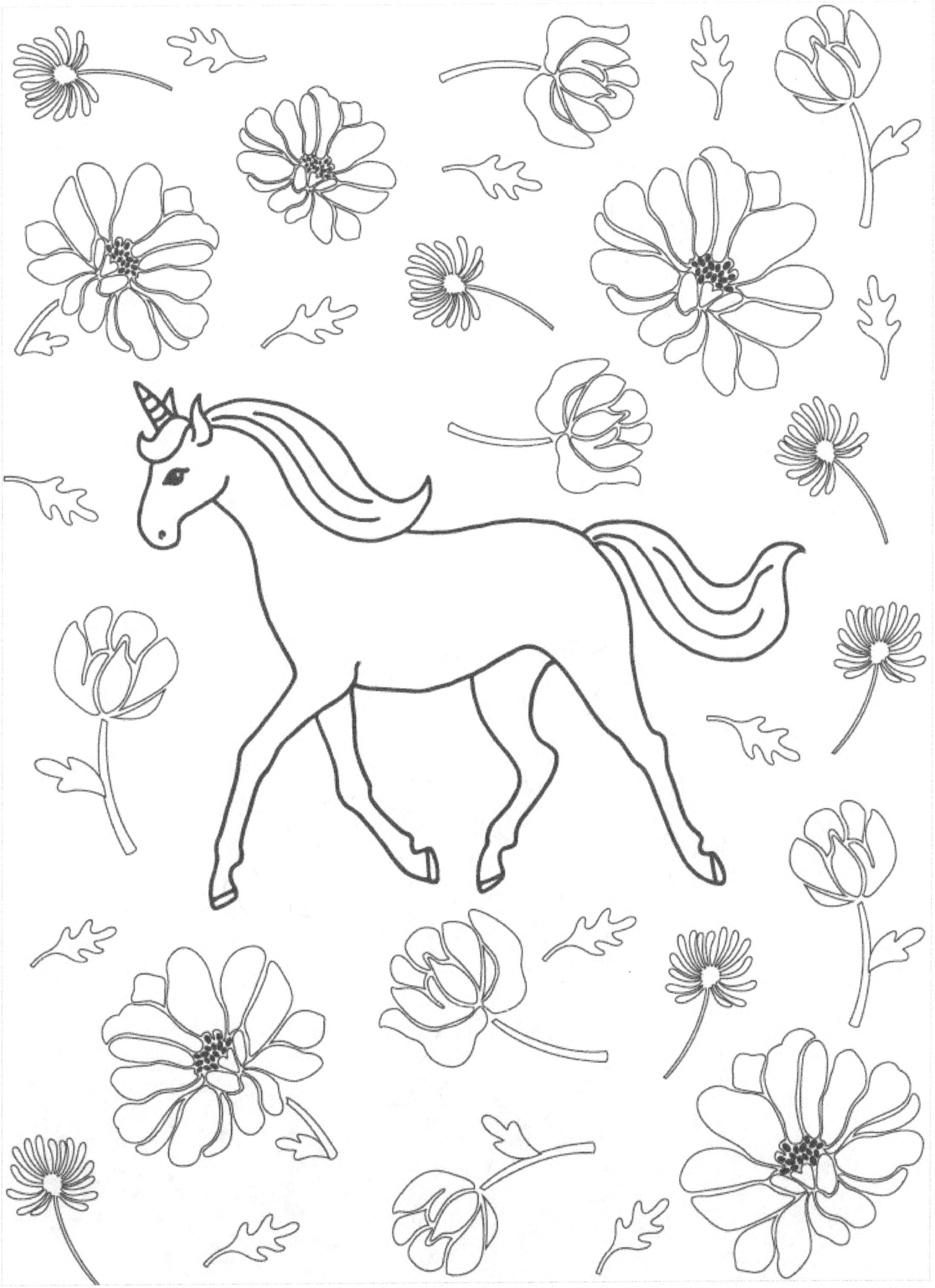

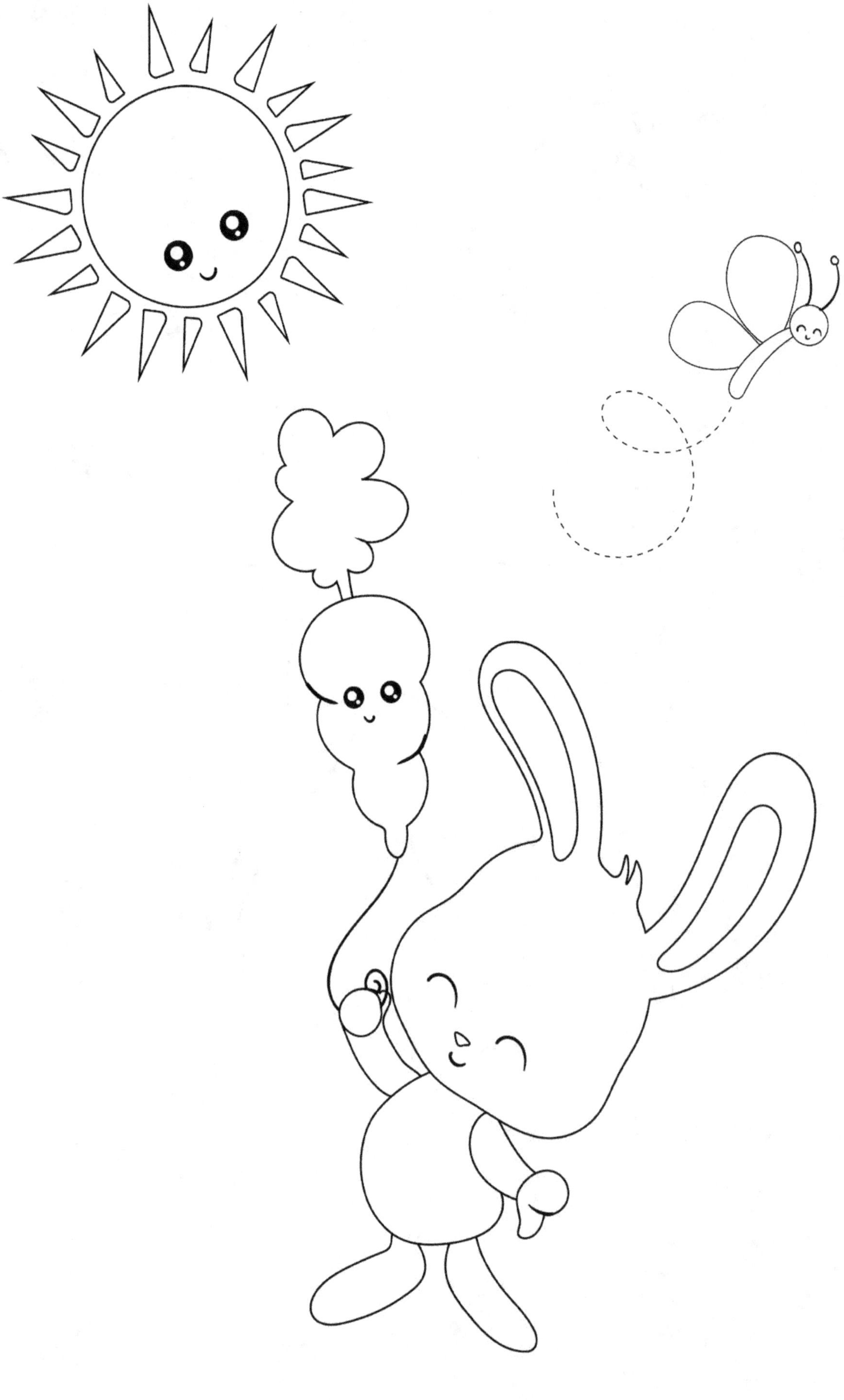

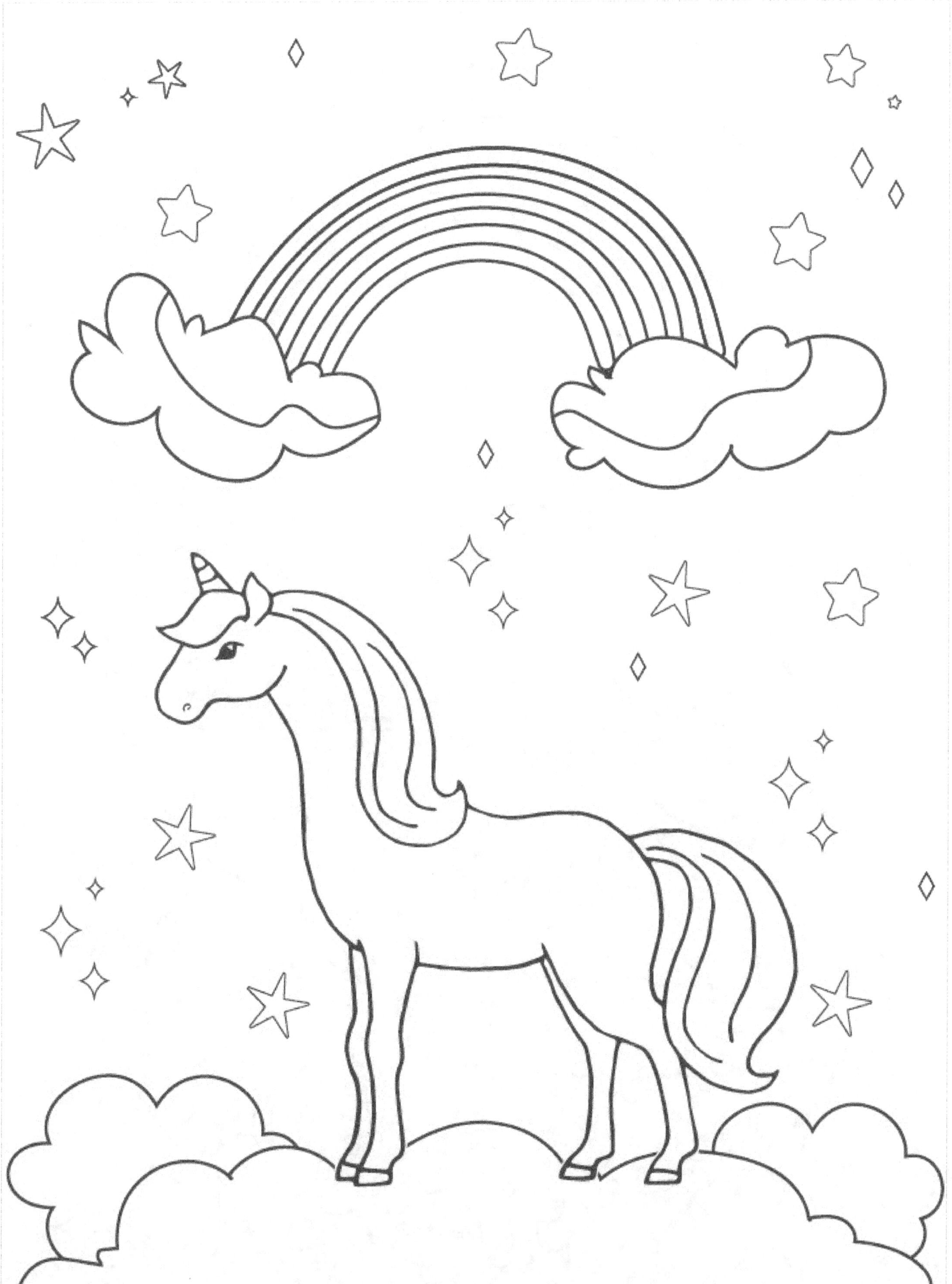

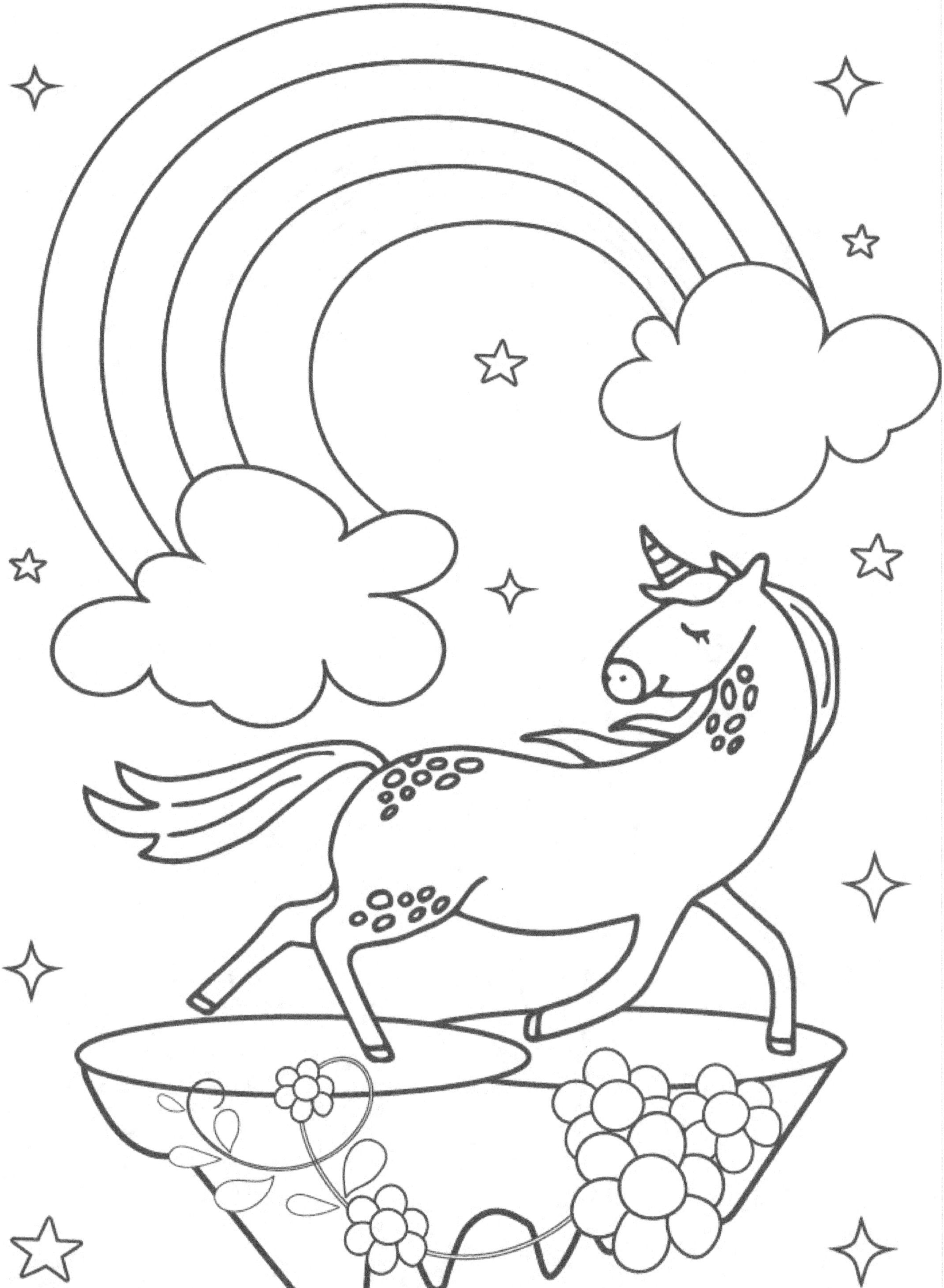

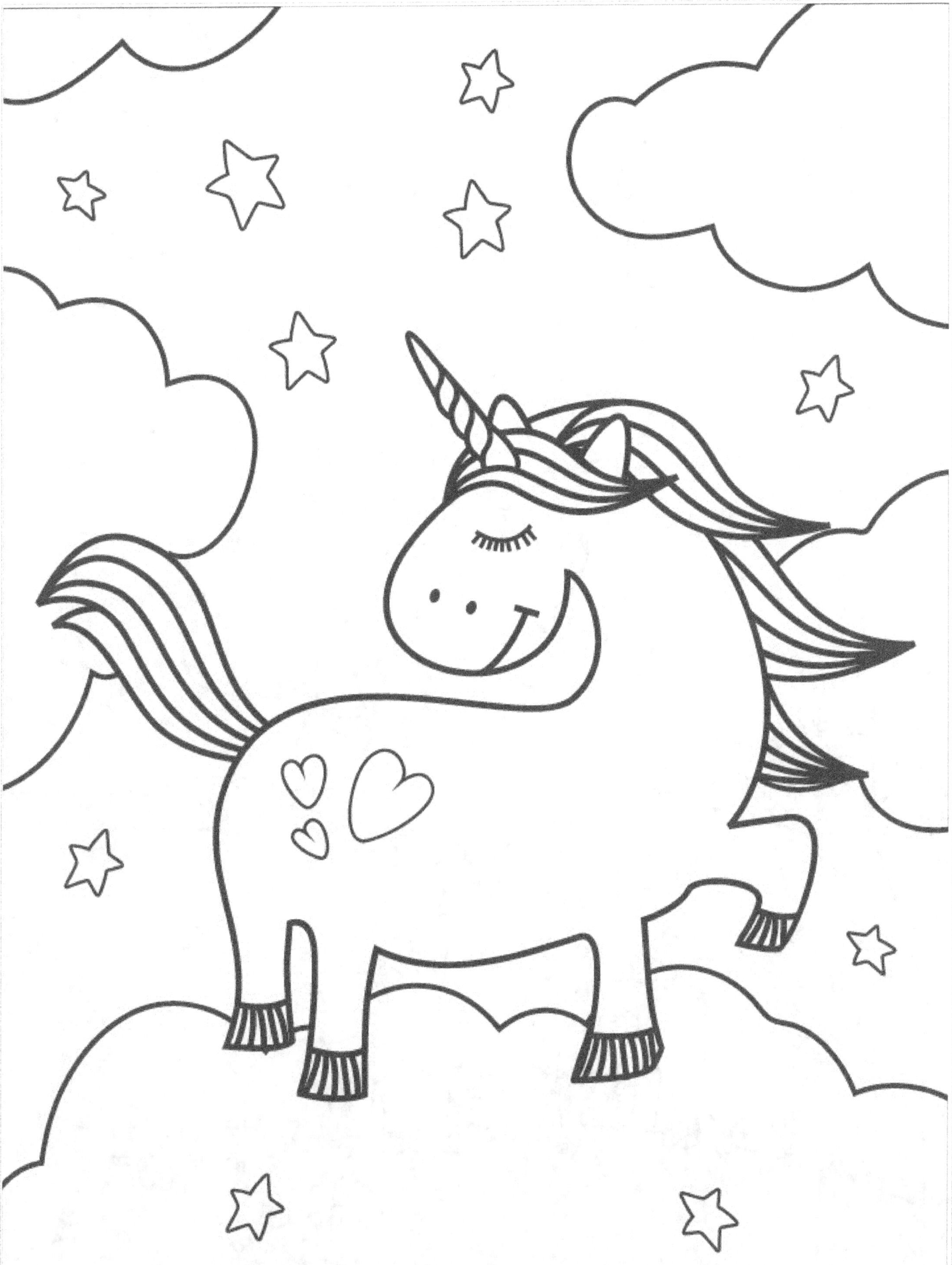

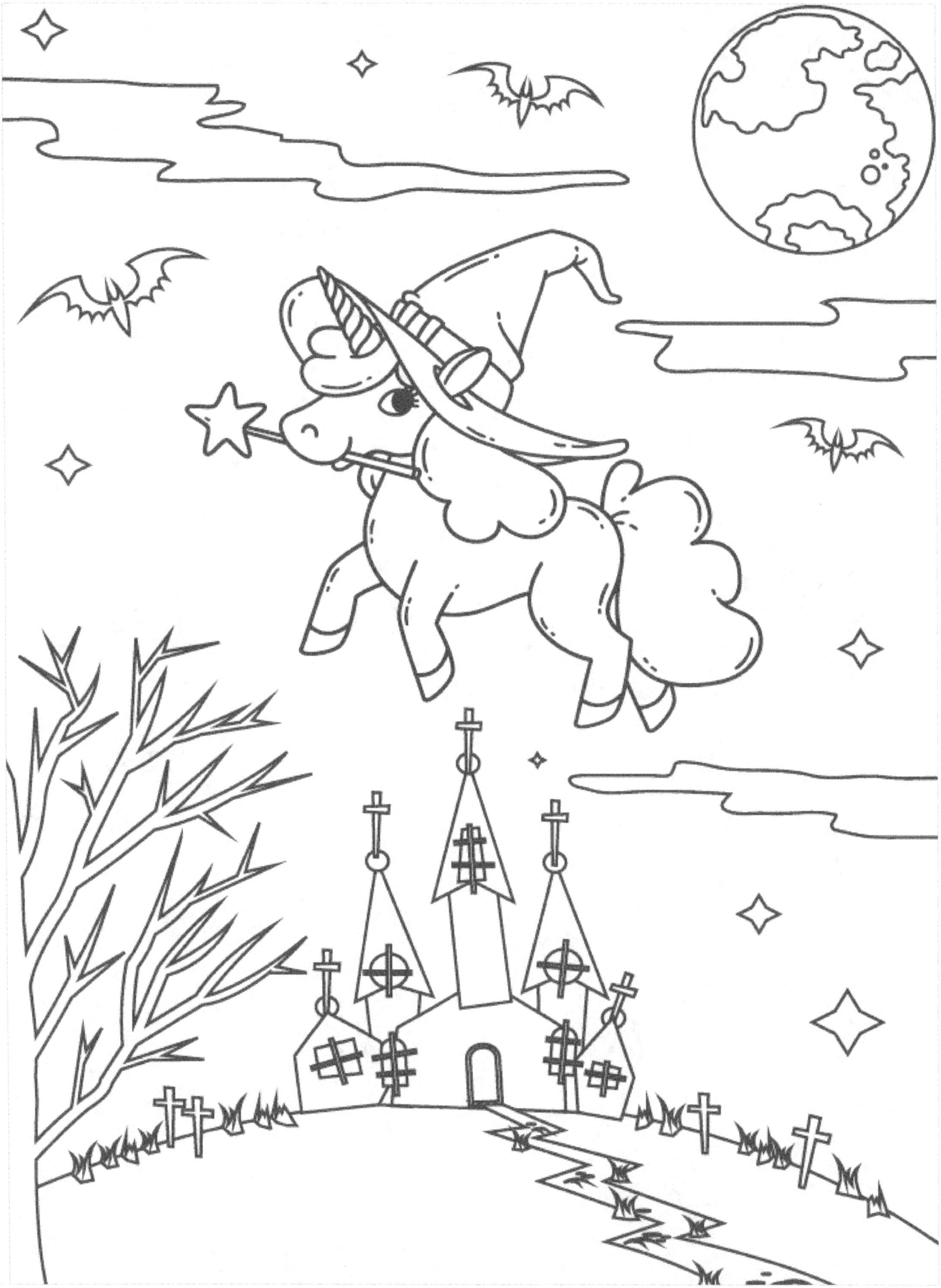

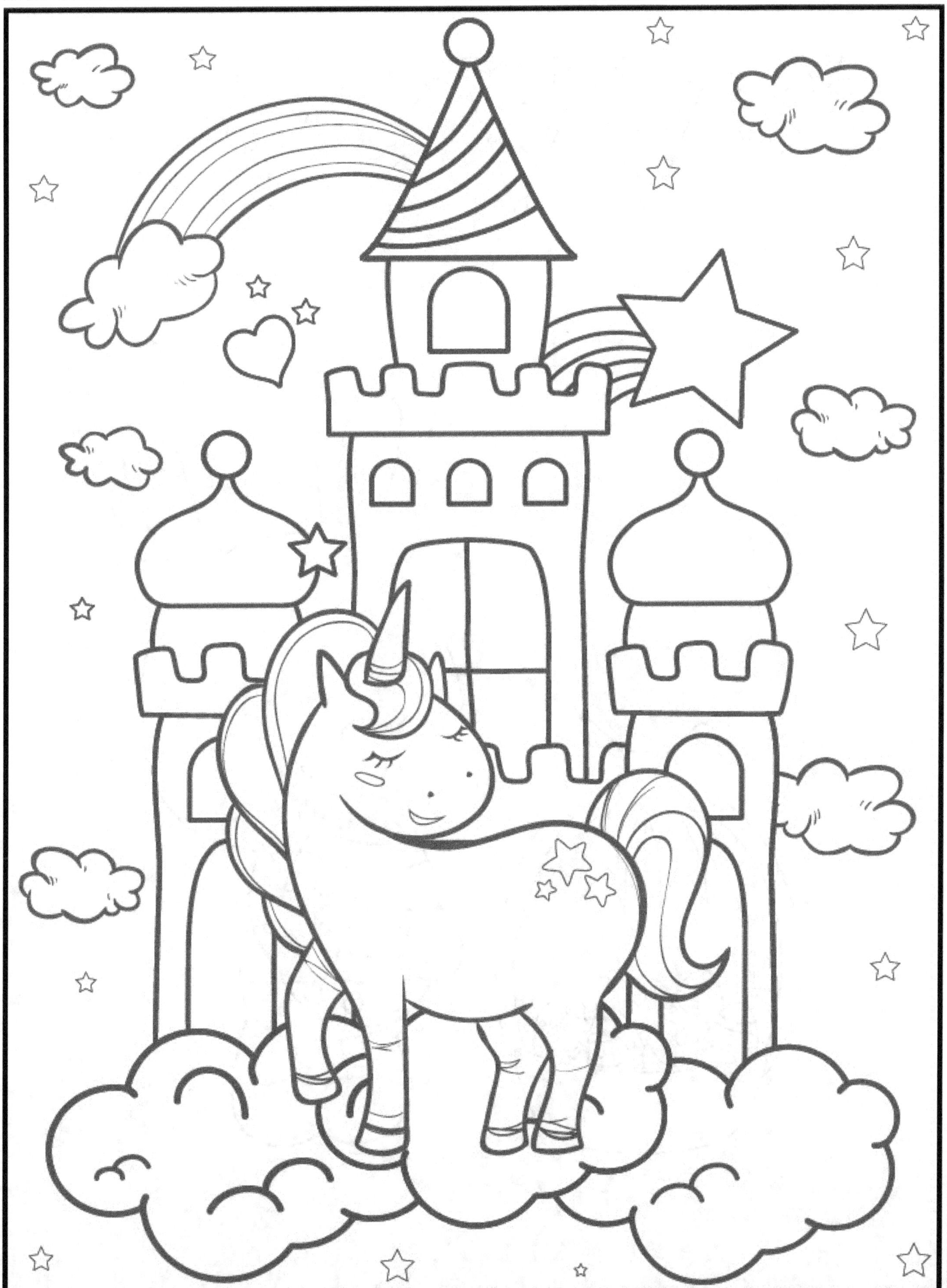

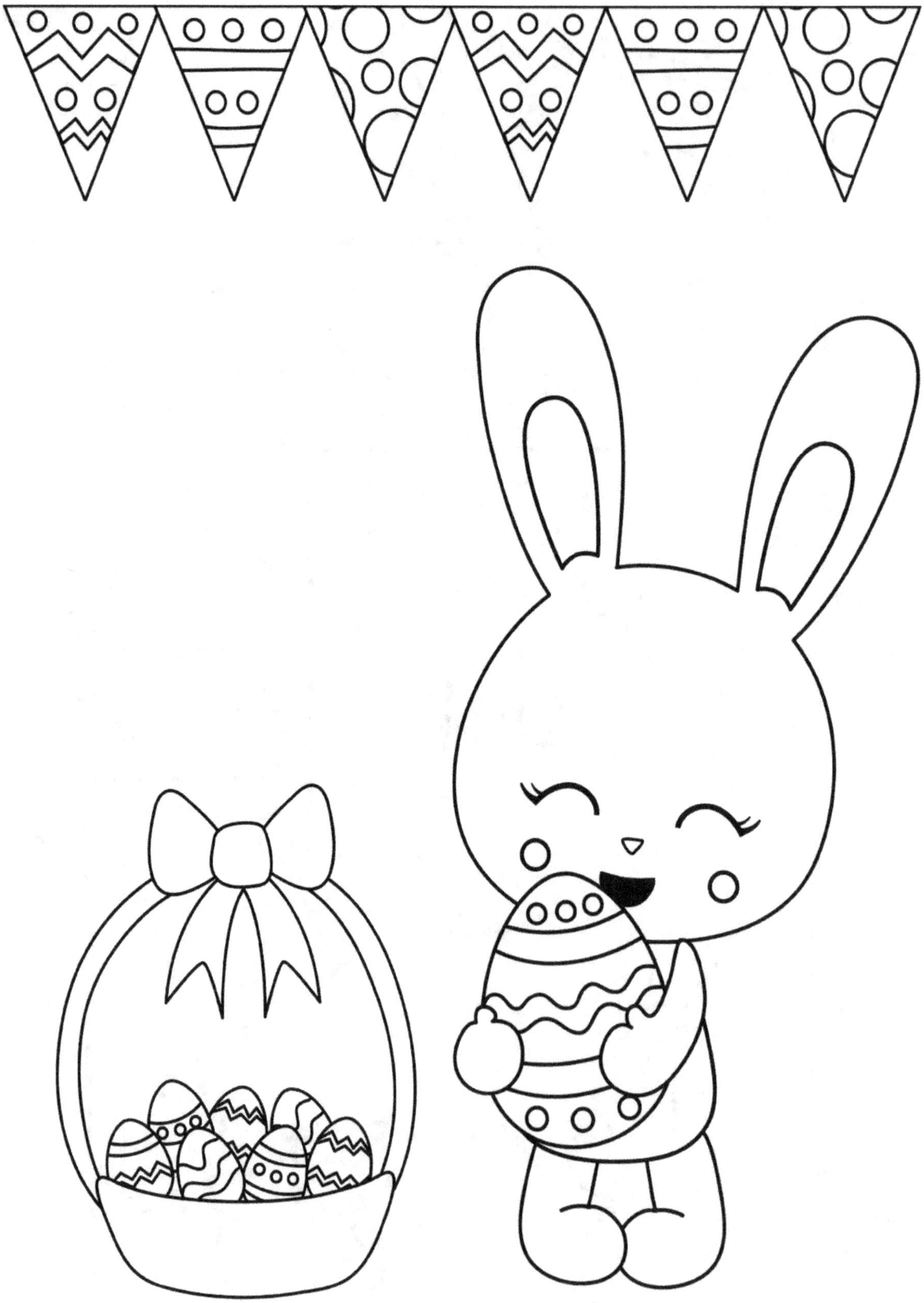

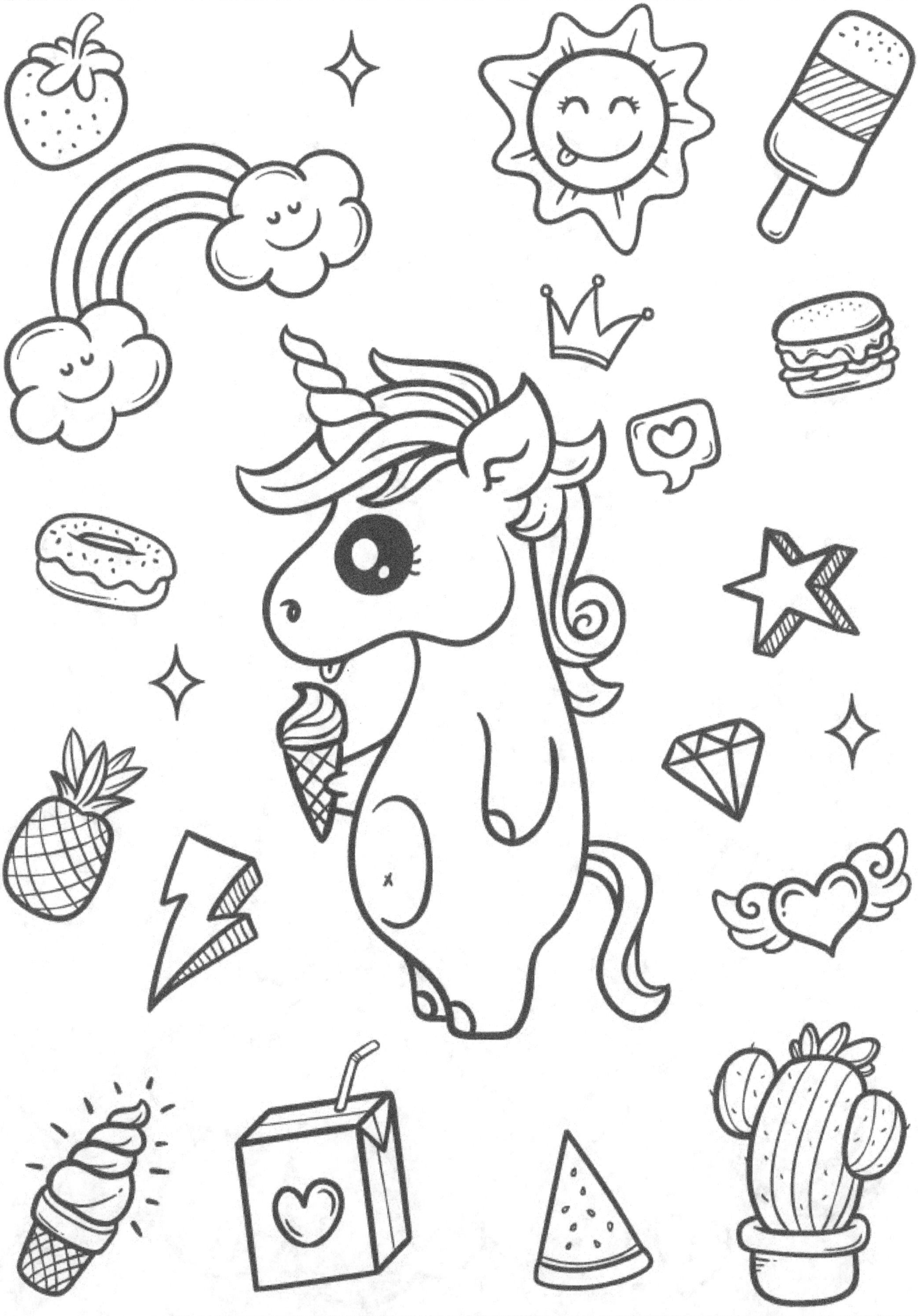

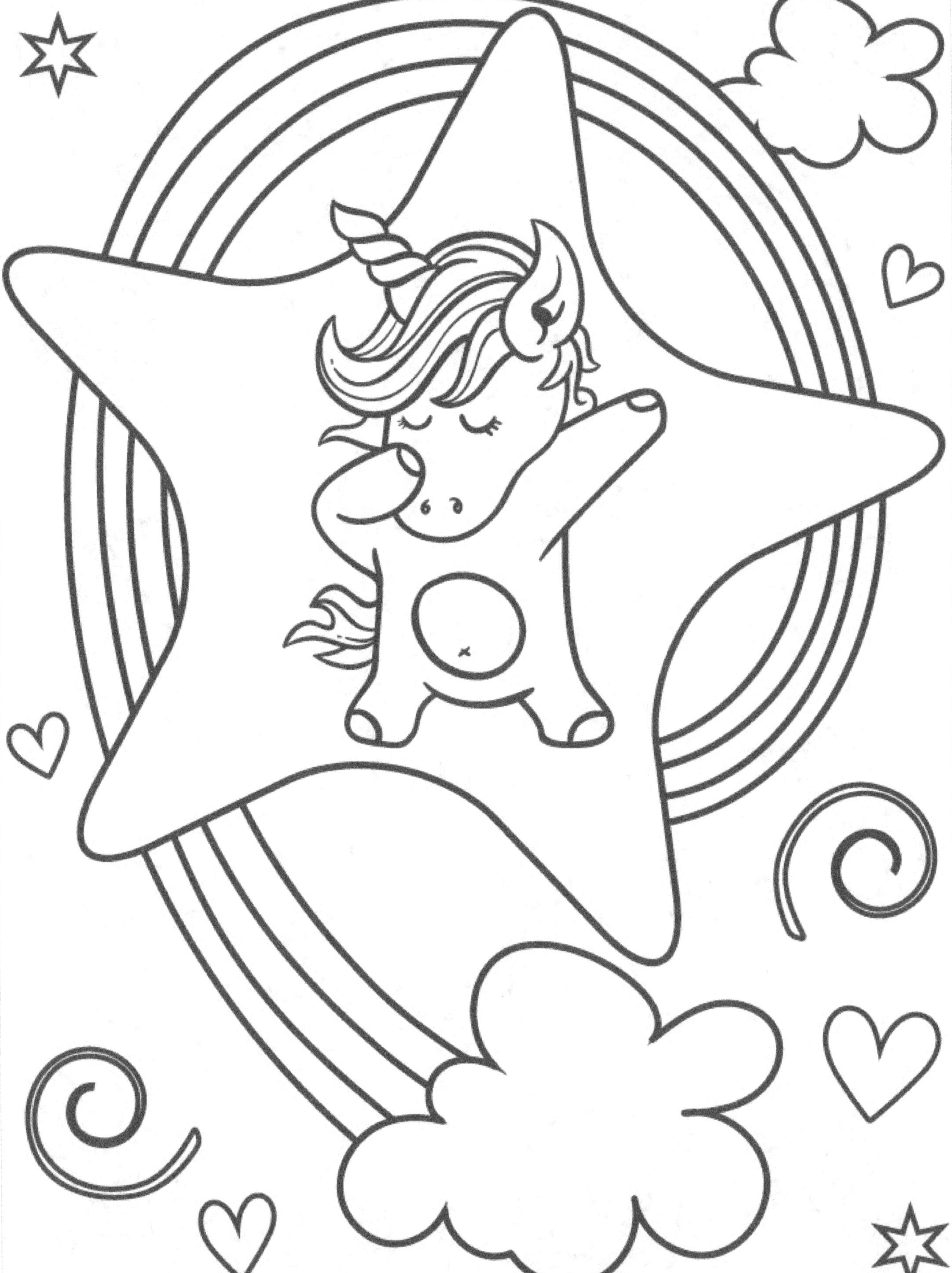

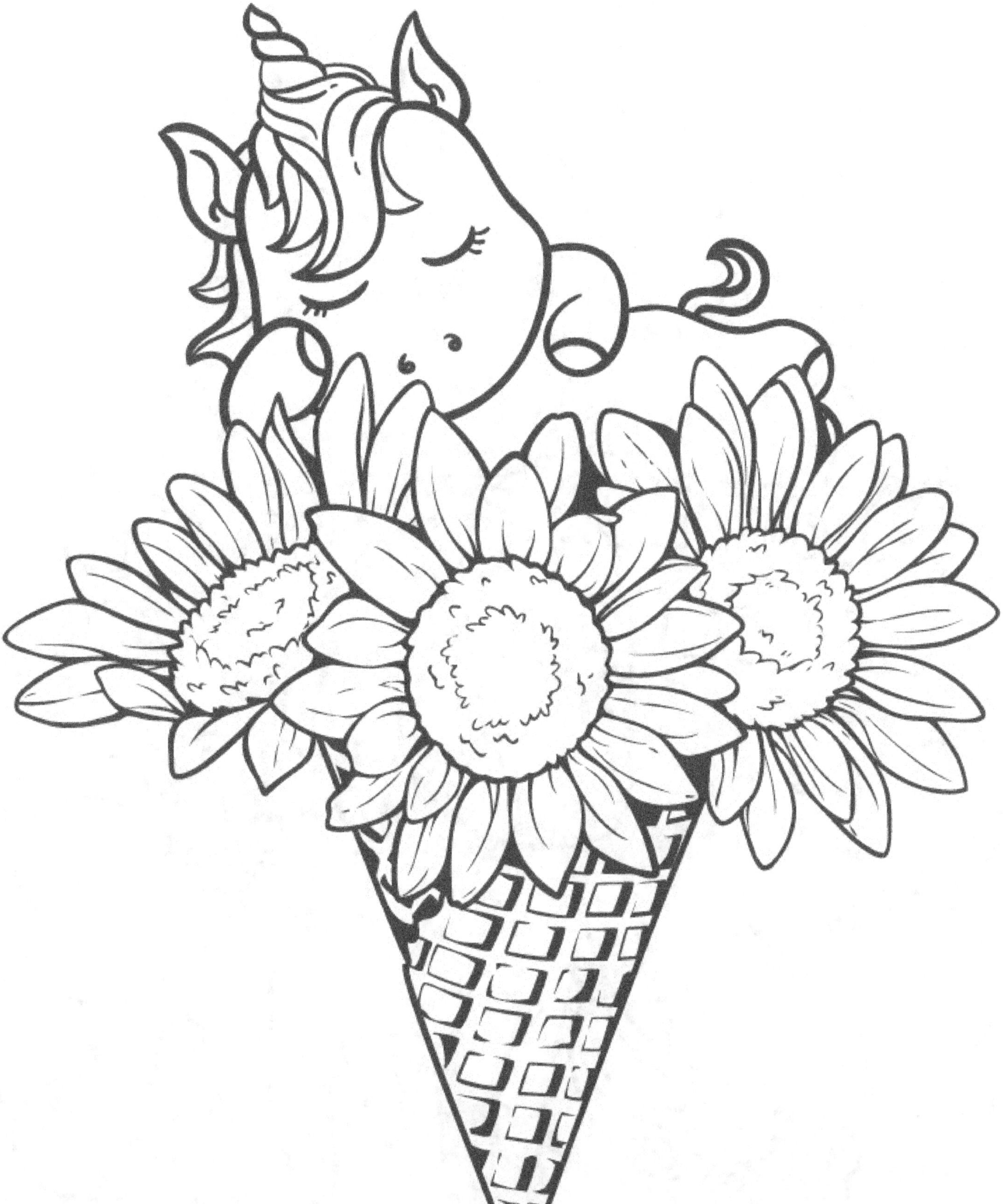

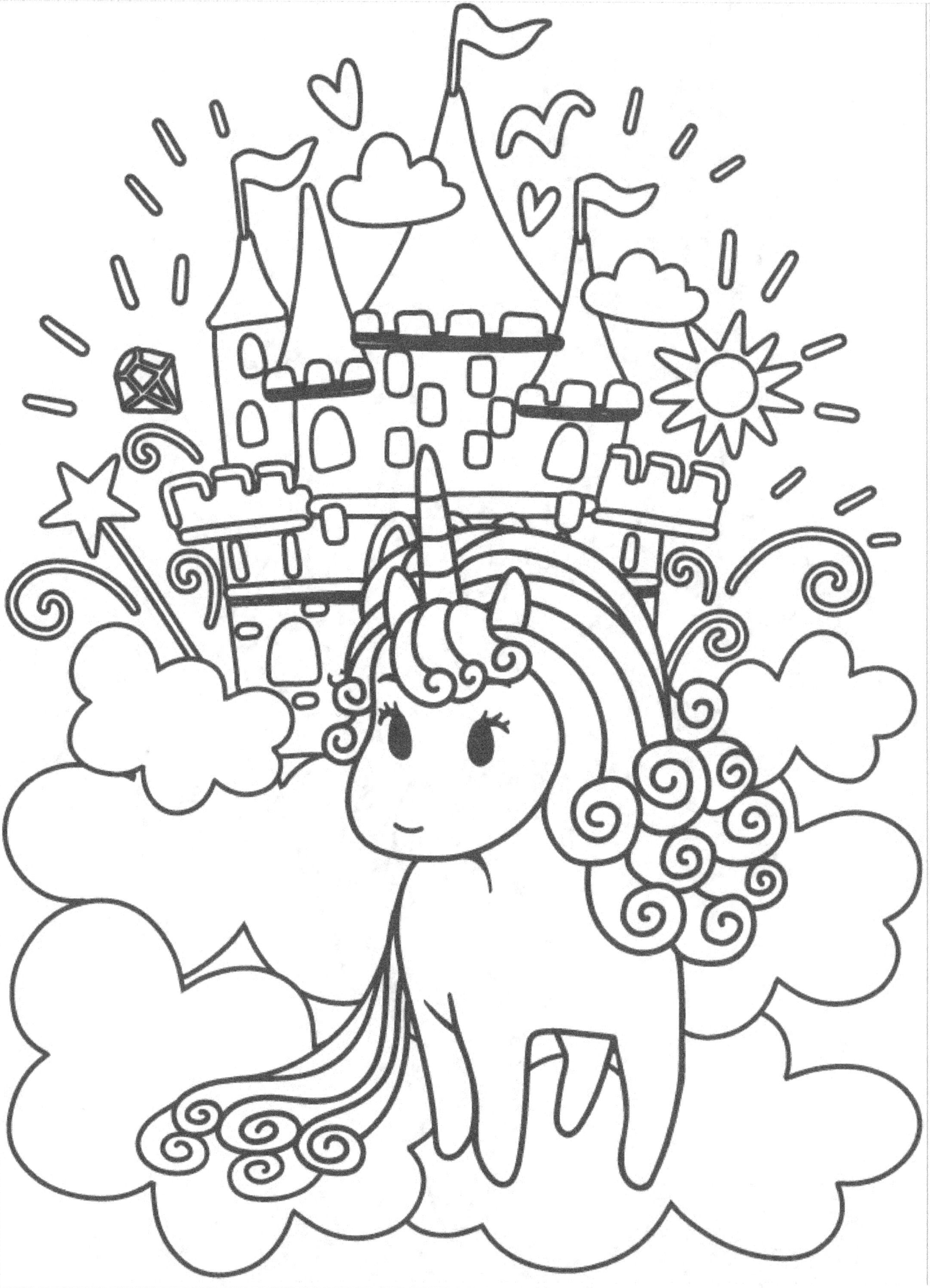

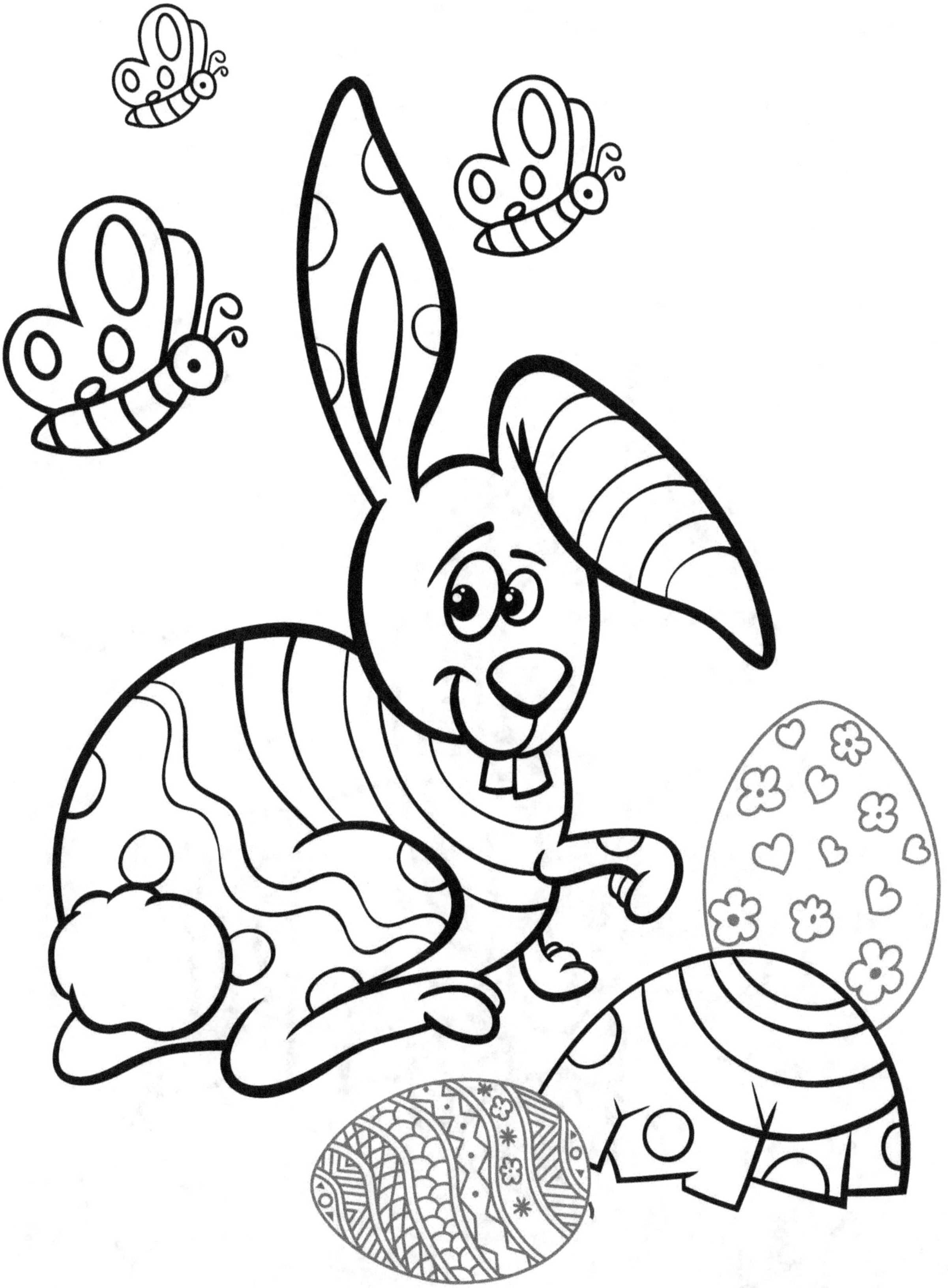

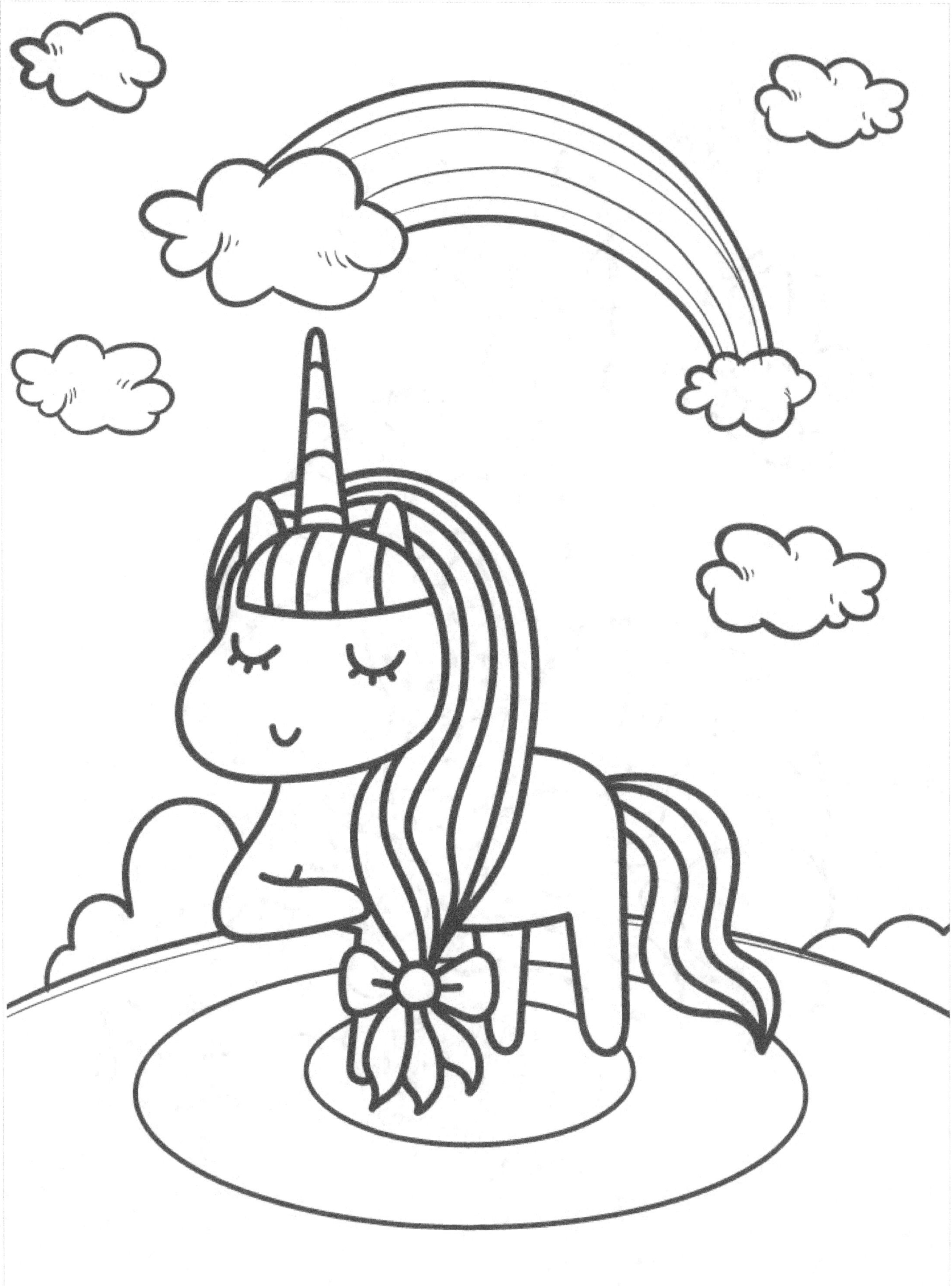

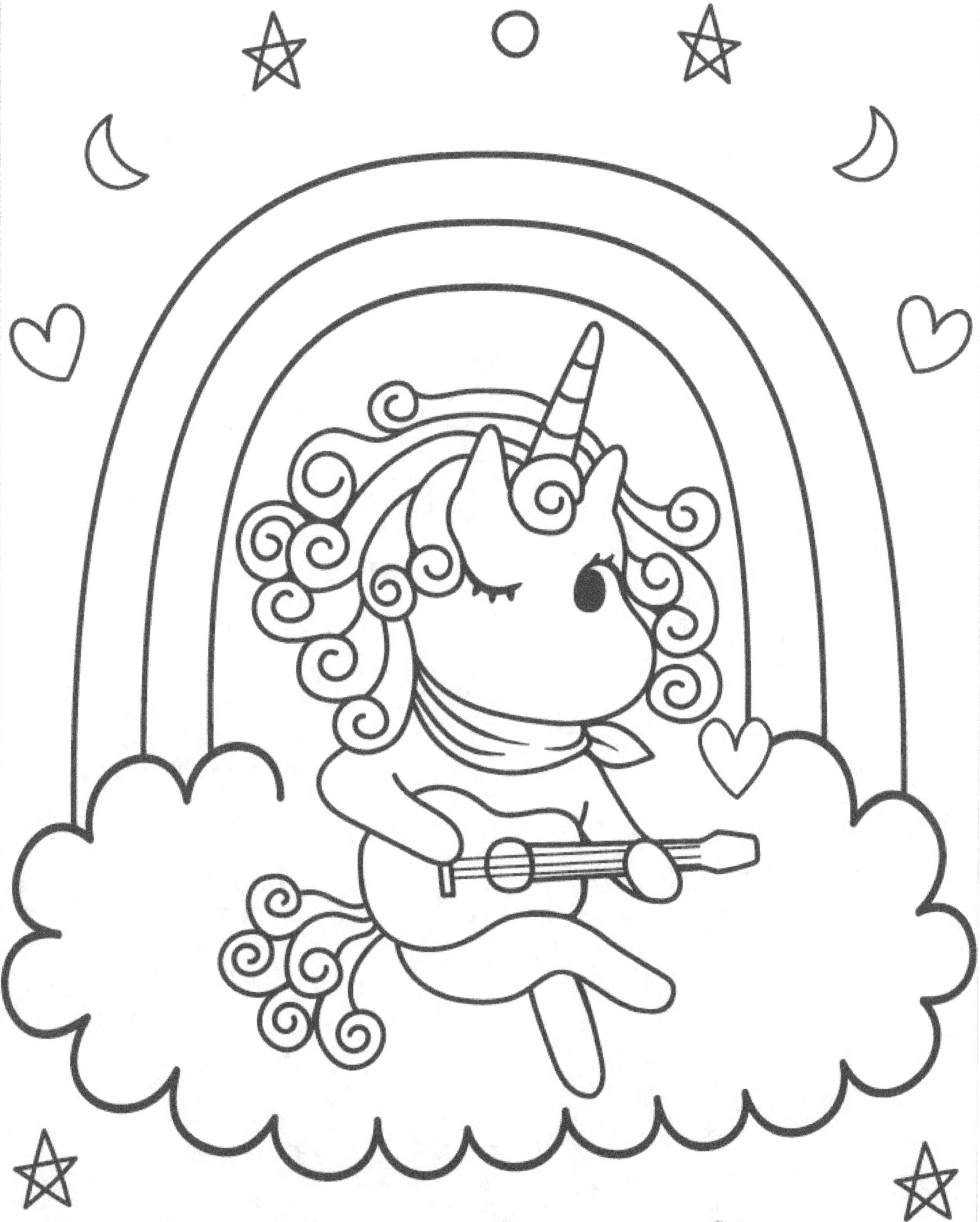

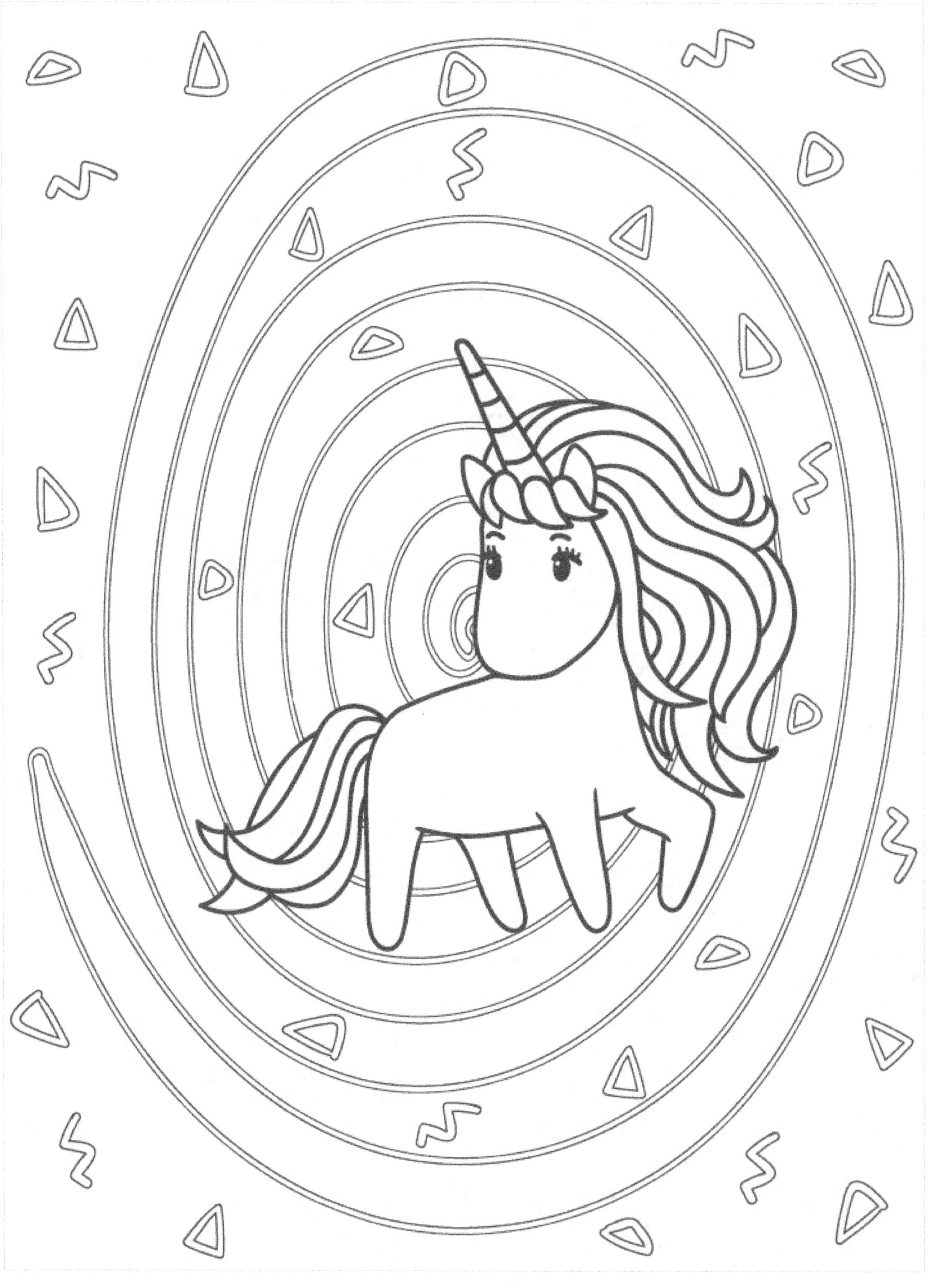

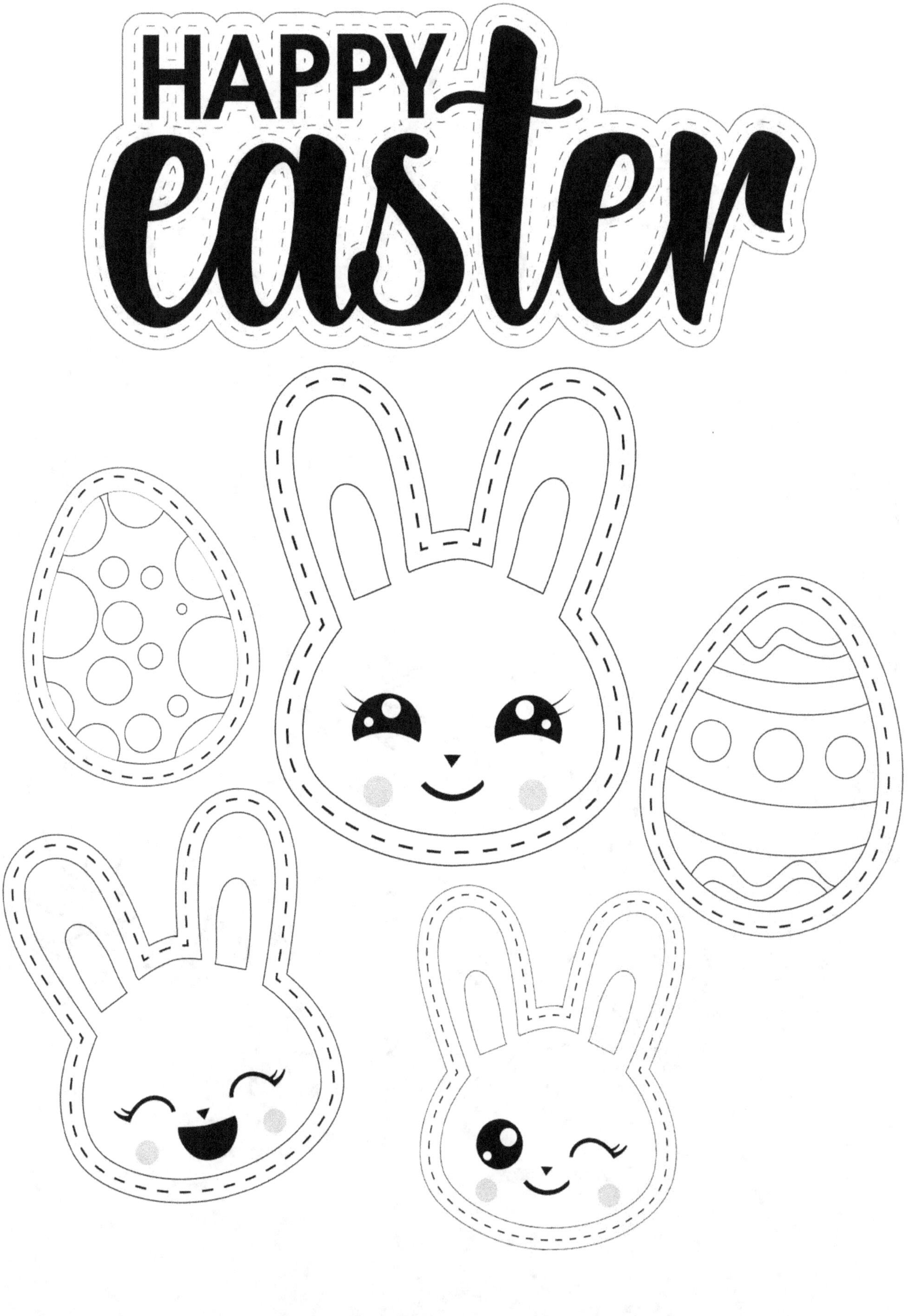
HAPPY
easter

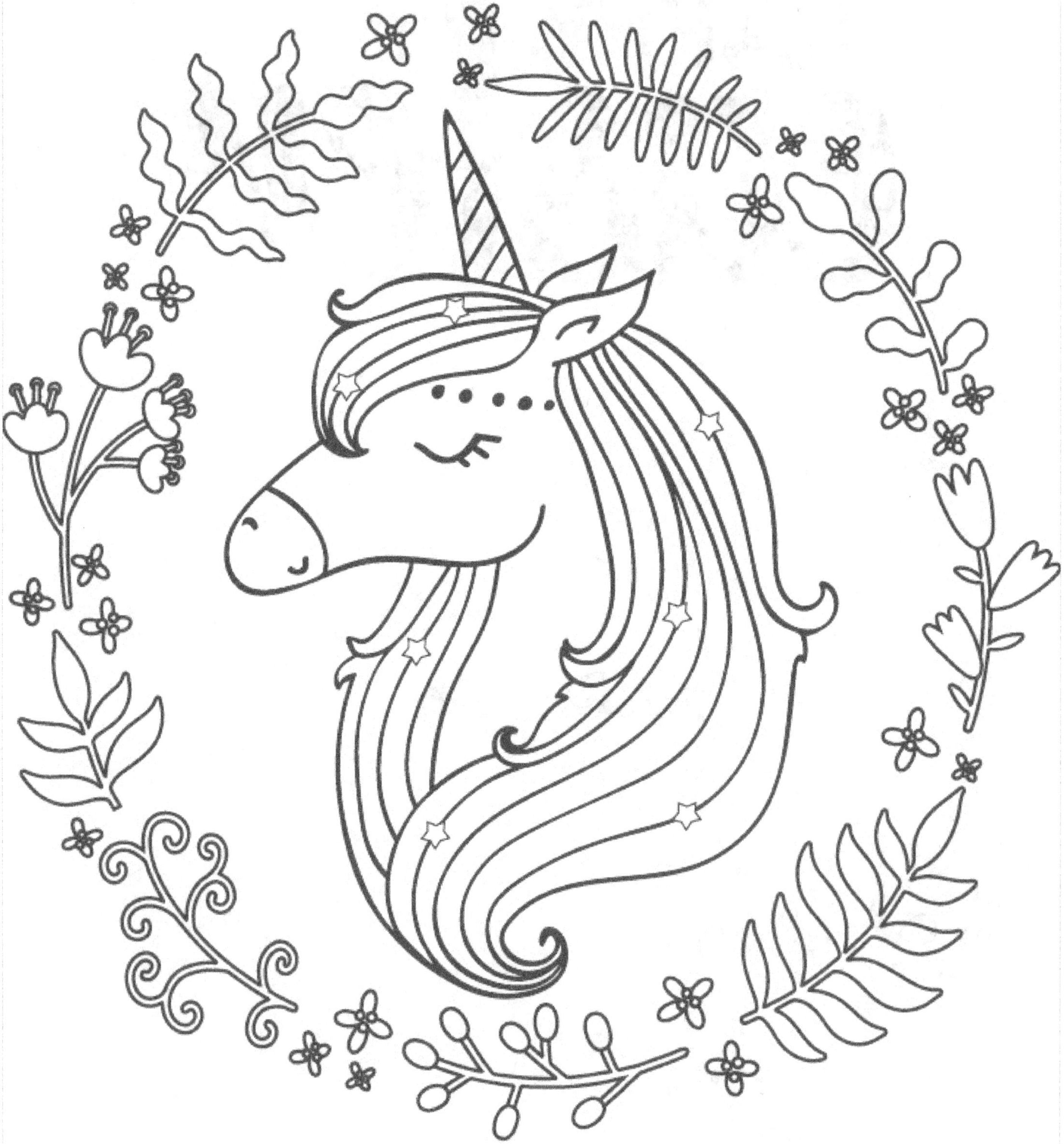

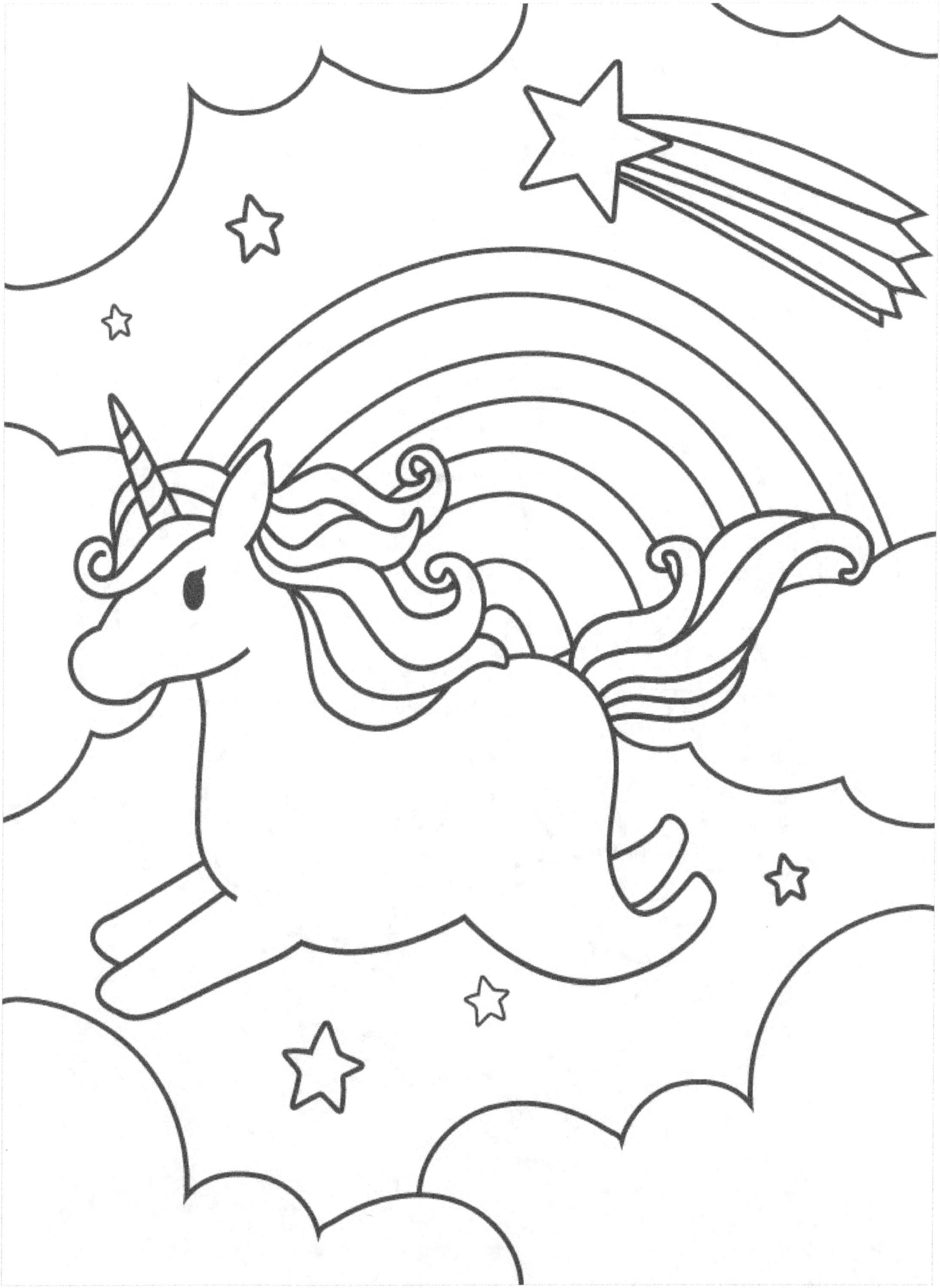

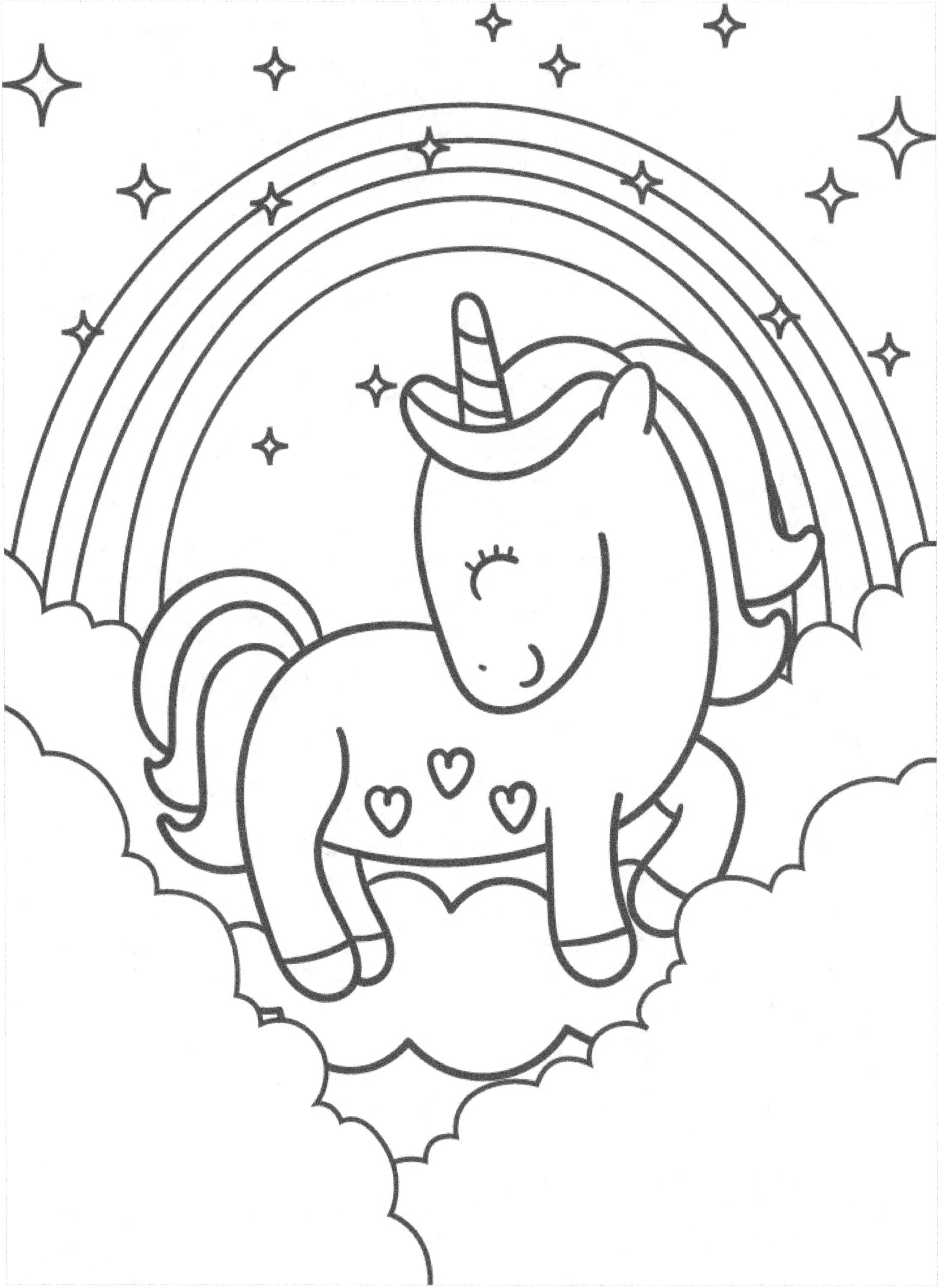

www.ingramcontent.com/pod-product-compliance
Lightning Source LLC
Chambersburg PA
CBHW080624220526
45467CB00011B/3351
9798723104181